*Álvaro Díaz* | **La argumentación escrita**

# La argumentación escrita

*Álvaro Díaz*

*Caminos*
Editorial Universidad de Antioquia

Colección *Caminos*
© Álvaro Díaz Rodríguez
© Editorial Universidad de Antioquia
ISBN: 968-655-532-1 (volumen)
ISBN: 968-655-162-8 (obra completa)

Primera edición: 1986
Segunda edición: septiembre de 2002
Diseño de la cubierta: Saúl Álvarez Lara
Corrección de estilo: Diego Augusto García Sierra
Diagramación: Adriana Jaramillo Chaparro
Impresión y terminación: Imprenta Universidad de Antioquia

Impreso y hecho en Colombia / Printed and made in Colombia
Prohibida la reproducción total o parcial, por cualquier medio o con cualquier propósito, sin autorización escrita de la Editorial Universidad de Antioquia

Editorial Universidad de Antioquia
Teléfono: (574) 210 50 10. Telefax (574) 263 82 82
E-mail: mercadeo@editorialudea.com
Página web: www.editorialudea.com
Apartado: 1226. Medellín. Colombia.

Imprenta Universidad de Antioquia
Teléfono: (574) 210 53 30
E-mail: imprenta@quimbaya.udea.edu.co

# Contenido

| | |
|---|---|
| Prefacio | xi |
| Agradecimientos | xix |
| 1. Argumentación, persuasión, demostración | 1 |
|    Argumentación y persuasión | 2 |
|    Argumentación y demostración | 6 |
| 2. La argumentación discursiva | 11 |
| 3. Argumentación lógica y argumentación discursiva | 13 |
| 4. Silogística y argumentación | 20 |
|    El silogismo jurídico | 21 |
| 5. Entimema y argumentación | 25 |
| 6. El ensayo argumentativo | 34 |
|    Propósito | 34 |
|    Hechos, opiniones y conjeturas | 36 |
|    La tesis de un ensayo | 38 |
|       Tipos de tesis | 47 |
| 7. Organización retórica de un ensayo argumentativo | 51 |
| 8. Estructura de un argumento | 63 |
|    Punto de vista o conclusión (P) | 64 |
|    Condicionamiento del punto de vista (Cd) | 65 |

Fundamentación (F) .................................................................. 66
    Fundamentos basados en el conocimiento
    del mundo del destinatario ................................................ 69
    Fundamentos basados en el *ethos* de la fuente ...................... 70
    Fundamentos basados en hechos y evidencias ...................... 72
El garante (G) ............................................................................ 73
    Características de los garantes ............................................... 78
    Tipos de garantes ................................................................. 79
    El rechazo de un garante ...................................................... 83
La concesión (C) y la refutación (R) ........................................... 85
    El rechazo de un argumento ................................................ 91

9. **Falacias argumentativas** .................................................... 94
    Petición de principio *(Petitio principii)* ................................ 96
    Conclusión inatinente *(Ignoratio elenchi)* ............................. 97
    Falsa relación causal *(Post hoc, ergo propter hoc)* ................ 98
    Falso dilema ........................................................................ 100
    Ataque personal (argumento *ad personam* ofensivo) ........... 101
    Apelación a la piedad y a las emociones *(Ad misericordiam)* ..... 103
    Falsa analogía ...................................................................... 106
    Prejuicios por asociación y estereotipos ............................... 108
    Falso consenso o instinto de la manada ............................... 109
    Apelación a la ignorancia *(Ad ignorantiam)* ........................ 110
    Conclusiones o inducciones precipitadas ............................. 111
    Sofisma del consecuente ...................................................... 113
    Falsa presuposición o pregunta compleja ............................ 113
    Falacia del accidente ............................................................ 114
    Falacia de la composición .................................................... 115
    Falacia de la división ........................................................... 115
    Apelación al poder o a la amenaza *(Argumentum ad baculum)* . 116
    El hombre de paja ............................................................... 117
    La pendiente resbaladiza o apelación
    a consecuencias indirectas .................................................. 118
    Apelación a una falsa autoridad (Argumento *ad verecundiam*) ... 119

10. **Análisis de argumentos y falacias** .................................... 121
    Ejercicios prácticos .............................................................. 121

**Apéndice** ........................................................................................... 137
   Guía para revisar un texto argumentativo ................................... 137
      Según el contenido ........................................................... 137
      Según la organización retórica ..................................... 140
**Bibliografía** ..................................................................................... 143

# Prefacio

El interés por el estudio del discurso argumentativo y por las estrategias para convencer auditorios se debe comenzar a rastrear en Grecia a mediados del siglo V a. C. *La retórica* —nombre con el que se designa a la nueva disciplina— nace en Sicilia con los litigios sobre la propiedad de la tierra ante los jurados populares. En sus comienzos, la retórica surge como una necesidad jurídica: enseñar a los litigantes a ganar una causa. Para los retóricos clásicos griegos y romanos del siglo V a. C., la retórica era fundamentalmente el arte de servirse del lenguaje con todo su poder de sugestión y emoción para persuadir auditorios reunidos en las plazas públicas y, en particular, en los juicios populares, con el fin de obtener un fallo favorable a la causa que se defendía, de ahí que su principal interés radicara en el género judicial. En aquellos tiempos, el dominio de la retórica era indispensable para quienes querían hacer carrera política o dedicarse al ejercicio jurídico.

Aristóteles es el primer autor en proponer una concepción sistemática de la argumentación, aunque fue precedido por otros retóricos, como Córoax, Tisias, Gorgias e Isócrates. En sus *Tópicos*, el estagirita considera la argumentación desde la perspectiva del razonamiento (la obra contiene una teoría sobre el razonamiento dialéctico); además, en su *Arte de la retórica*, se refiere a los aspectos relativos a la persuasión de auditorios.

El *Arte de la retórica,* escrita hacia el año 330 a. C., es considerada como la obra más completa y organizada de toda la retórica clásica. Para Aristóteles, "el objeto de la retórica no es persuadir, sino ver en cada caso aquello que es apto para persuadir" (Aristóteles, 1966: 41). Ésta es una facultad privativa de esta disciplina —afirma el autor—, que no es compartida con ningún otro arte.

Pero la retórica de Aristóteles resultaba demasiado filosófica para los maestros de la disciplina. Su obra, más que un tratado de retórica, es una aproximación epistemológica al estudio de la misma. Esta conclusión se puede inferir a partir de lo que para él es el objeto de estudio de la retórica: "ver en cada caso aquello que es apto para persuadir", aserción que, más que una definición de retórica, es mucho más apropiada como definición de lo que es sólo una de sus partes: la *inventio*.

La retórica clásica estaba dividida en cinco partes: 1) *Inventio*. Se refiere a la búsqueda de medios de persuasión. 2) *Dispositio*. Se ocupa de la disposición de las ideas en el discurso. 3) *Elocutio*. Recomienda normas para enunciar el discurso con elegancia. 4) *Memoria*. Tiene como propósito hacer recomendaciones para no olvidar lo que se debía decir en el discurso. 5) *Pronunciatio*. Se refiere a una serie de normas y sugerencias sobre matices de voz y ademanes para pronunciar el discurso con elegancia y dignidad.

En los libros I y II, Aristóteles desarrolla su teoría sobre *inventio*. Los otros aspectos de la retórica (*dispositio, elocutio* y *pronunciatio*) reciben en su obra un tratamiento breve y menos riguroso; lo relacionado con *memoria* no recibe atención alguna en su obra.

Aristóteles, además, distinguió tres clases de discursos argumentativos: 1) el *deliberativo* (propio de debates políticos), 2) el *forense* (propio de debates jurídicos), y 3) el *epidíctico* (apropiado para las ceremonias solemnes, religiosas y sociales).

A pesar de que la retórica clásica es un modelo inapropiado para el estudio de la argumentación de nuestra época, la influencia del modelo retórico de Aristóteles, en particular, es de indiscutible importancia en la conformación de la moderna teoría de la argumentación. Numerosos conceptos propuestos por el estagirita aún gozan de validez en los nuevos enfoques argumentativos; categorías aristotélicas como *topoi*, *ethos*, *pathos*, *logos* forman parte del metalenguaje de los distintos enfoques argumentativos modernos. El concepto de *topoi*, también conocido como *tópicos* o *lugares comunes*, designa los conocimientos que se suponen admitidos por una sociedad y que, por lo tanto, se pueden utilizar como principios o garantes para respaldar argumentos; el *ethos* se refiere a la honestidad, respeto, prestigio y confianza que inspira la fuente de argumentación; el *pathos*, a las emociones y sentimientos que se despiertan en el auditorio, y el *logos* a la naturaleza de los razonamientos y evidencias encaminados al raciocinio del auditorio. En estos cuatro elementos todavía reposan las estrategias más poderosas utilizadas por quienes pretenden influir sobre un auditorio.

El dominio de la retórica en manos inescrupulosas permitía que cosas insignificantes apareciesen como grandiosas y que, por el contrario, hechos y opiniones importantes fuesen minimizados; o lo que es peor, que una causa injusta triunfase sobre una mucho más justa. Este manejo deshonesto de la retórica es criticado por Platón en el diálogo *Gorgias o de la retórica*. La censura de Platón se refiere ante todo a la retórica de los excesos, propia de los sofistas de la época, y no a la que más tarde desarrolla Aristóteles. Ante el hecho de que Aristóteles fue discípulo de Platón, hay quienes concluyen que la retórica aristotélica es una respuesta a la crítica de su maestro.

En nuestros días numerosas personas emplean la palabra 'retórica' con una connotación peyorativa. Para muchos, retórica es sinónimo de discurso elegante pero vacío o falso, discurso artificioso y deshonesto. Pero para las nuevas teorías sobre la argumentación la retórica no es nada de eso.

De la retórica clásica solamente la invención *(inventio)* y la disposición *(dispositio)* se asocian ahora con el texto escrito, principal interés de la retórica moderna. El campo de la retórica clásica resulta demasiado restringido ya que solamente se centraba en el acto discursivo realizado ante un auditorio reunido en una plaza, con el ánimo de persuadirlo. Para la nueva retórica, el auditorio es una conceptualización del destinatario a quien verdaderamente se pretende convencer. Es decir, el auditorio ya no es concebido solamente como la multitud reunida en un recinto o plaza para escuchar a un orador que defiende unos puntos de vista, sino —en un sentido más amplio— como el destinatario de un discurso, ya sea oral o escrito, que se ha tenido en mente para persuadirlo; por ejemplo, el interlocutor que participa en un acto oral, el televidente o el lector de un texto.

A partir de la década de 1950 se ha venido observando una reconceptualización de la retórica. La cantidad, calidad y nuevos aportes de la producción bibliográfica sobre el tema son evidencias de ello. La nueva retórica, como una teoría coherente de la argumentación, ha despertado el interés de importantes filósofos, lingüistas y analistas del discurso. La impresión que producen los nuevos enfoques es bien diferente del sentido peyorativo con el que suelen referirse a la retórica los no familiarizados con la disciplina.

Entre las figuras importantes empeñadas en la rehabilitación de la retórica sobresalen Chaïm Perelman y su colega Olbrechts-Tyteca, Stephen Toulmin, Oswald Ducrot, Teun Van Dijk, George Vignaux, Roland Barthes, Jacques Moeshler, Jürgen Habermas y numerosos estudiosos importantes que harían excesivamente extensa la enumeración.

El enfoque que le he dado a este trabajo se inspira fundamentalmente en los modelos argumentativos desarrollados por dos autores contemporáneos: Chaïm Perelman y Stephen Toulmin y sus colaboradores A. Janick y R. Rieke.

Chaïm Perelman (1912-1984), filósofo y jurista nacido en Polonia y educado en Bélgica desde los doce años, es tal vez la figura más influyente del siglo XX empeñada en la reivindicación de la retórica, hasta el grado de considerarla como una nueva teoría de la argumentación mucho más acorde con las necesidades argumentativas de nuestro tiempo. Su modelo puede considerarse como un enfoque complementario de la teoría de la demostración lógico-formal. Su mayor acierto consistió en desmitificar el dogmatismo racionalista de tipo cartesiano, según el cual la razón se construye exclusivamente a partir de la evidencia, y considera, por lo tanto, falso o irracional todo aquello que no esté sustentado mediante una rigurosa demostración. El modelo argumentativo de Perelman se inspira en el del razonamiento dialéctico desarrollado por Aristóteles en su *Retórica*. El tema central de su teoría de la argumentación es que más allá de los razonamientos lógico-formales propios de las disciplinas que trabajan con premisas comprobadas empíricamente, como las matemáticas y la física —en particular—, existe un amplio campo de razonamientos o argumentaciones propios de ciencias humanas que trabajan con premisas que expresan valores, como el derecho, la filosofía, la ética, la crítica, etc., y que sin someterse a los rigurosos criterios procedentes de la lógica deductiva, son igualmente válidos para sustentar determinadas tesis. Se trata, pues, de un modelo de argumentación propio de las ciencias no demostrativas.

Otra figura destacada en el desarrollo de una moderna teoría de la argumentación es el filósofo británico Stephen Toulmin. Su modelo argumentativo está inspirado más en la tradición lógica que en la retórica; sin embargo, está más próximo a las argumentaciones reales que a las artificiales propias del formalismo lógico. Su propuesta es una especie de lógica de la argumentación no formal.

Uno de los principales aciertos de Toulmin consiste en concebir los argumentos como organismos que no pueden reducirse al simple esquema de un silogismo. Su modelo argumentativo, al igual que el de Perelman, va mucho más allá de los postulados de la lógica bivalente porque los considera insuficientes e inadecuados para abordar las variadas formas de argumentación en las disciplinas que no se acomodan a la rigurosidad lógico-formal, como el derecho, la sociología, la literatura, etc. El modelo de Toulmin se desarrolla a partir del carácter especial de los argumentos de cinco disciplinas: el derecho, la crítica de arte, la ética, la administración de empresas y la ciencia.

Ante la imposibilidad de reducir los argumentos a dos premisas y una conclusión —a la usanza silogística—, Toulmin ha desarrollado un modelo con el que describe la estructura de un argumento ideal. Para tal fin, señala seis elementos íntimamente relacionados: 1) una conclusión *(claim)* que resume la posición que se defiende en el argumento; 2) los hechos específicos que evidencian esa conclusión *(ground)*; 3) un principio aceptado que garantiza la conclusión *(warrant)*; 4) una serie de inferencias *(backing)* que justifican la conclusión; 5) una modalidad *(modality)* que relativiza el alcance o validez de la conclusión; y 6) cuando sea el caso, una refutación *(rebuttal)* a los argumentos con los que se pretenda invalidar la conclusión.

La retórica clásica prestó poca atención al desarrollo de una teoría del discurso acorde con su objeto de estudio. Su preocupación por el lenguaje se agotó en el desarrollo de una teoría de las figuras del discurso (figuras retóricas). La nueva retórica, en cambio, aparece emparentada con el análisis del discurso, lo cual permite abordar el estudio de la lengua en su función discursiva y argumentativa.

Un conocimiento acerca de cómo se estructura el discurso escrito en todas sus modalidades es de crucial importancia para la interpretación y producción de textos argumentativos; en tal sentido, la lingüística del texto constituye en la actualidad una de las más interesantes áreas de investigación sobre el lenguaje. Se trata del modelo lingüístico más apropiado para resolver problemas relacionados con la coherencia, la textura, la inferencia, la presuposición, la actitud y el propósito de la fuente de argumentación.

El principal objetivo de la lingüística del texto es la producción e interpretación de la significación de los textos a partir de secuencias de oraciones. Su objeto de estudio no es la oración, sino el texto como un constructo coherente, cohesivo, con sentido en sí mismo y concebido con un propósito comunicativo específico.

La lingüística del texto no concibe la lengua como un mero código. En el texto, las palabras y las oraciones pueden adquirir connotaciones diferentes de las que se les podrían asignar al considerarlas en forma aislada, como simples muestras del sistema de la lengua. "La teoría del texto puede ofrecer un marco general para el estudio renovado de aspectos retóricos de la comunicación" (Van Dijk, 1978: 20).

El alcance de la nueva retórica no se agota en el estudio del discurso predominantemente argumentativo, también abarca modalidades discursivas como la narración, la exposición, la descripción y el diálogo. La retórica, tal como es concebida modernamente, no es considerada por los especialistas en la materia como un anacronismo. La moderna retórica no es un conjunto de figuras del lenguaje cuyo propósito es lograr determinados efectos estilísticos y estéticos, sino más bien todo un sistema dialéctico de búsqueda, de interpretación; un proceso de preguntas y respuestas y de organización de contenidos necesarios para todo tipo de discurso. El nuevo enfoque se ocupa, además, de los medios formales y de las estrategias que le permiten al escritor orientar sus textos, y que igualmente le permitirán al lector construir su propia interpretación. La nueva retórica no tiene como meta enseñarle a nadie lo que debe decir, sino hacer explícito el proceso de argumentar, de producir e interpretar textos.

Lamentablemente, un exagerado número de estudiantes de educación superior, e incluso, numerosos profesionales de distintas áreas, tienen dificultades para escribir textos argumentativos eficaces. Así lo reconocen con frecuencia los mismos alumnos, profesores, abogados, filósofos, especialistas en educación, comunicadores, periodistas, etc. Son muchas las causas que han generado este problema. Una de las más citadas responsabiliza a nuestro sistema educativo, el cual se caracteriza por la ausencia de un currículo orientado al desarrollo de habilidades de pensamiento crítico y a la poca o ninguna importancia que la mayoría de los docentes le conceden al empleo de estrategias metodológicas para tal fin. Quienes son conscientes de sus problemas de lecto-escritura generalmente concluyen que en sus años escolares no se les entrenó adecuadamente en tal sentido o que, simplemente, no se les enseñó. La otra cara del problema —es difícil no reconocerlo— tiene que ver con que a la mayor parte de los profesores de las distintas áreas, y a los de lengua materna —en particular— no se les entrenó adecuadamente para orientar sus currículos hacia el desarrollo de las potenciales habilidades de pensamiento crítico de sus alumnos. Consciente de esta situación, realicé este trabajo teniendo en mente a aquellas personas que no han recibido una orientación sistemática para interpretar y escribir textos argumentativos.

El tratamiento que he dado al estudio de la argumentación escrita corresponde a la orientación conceptual y metodológica con que he abordado esta necesidad argumentativa en seminarios y talleres dirigidos a estudiantes de idiomas, de derecho y de postgrado en diversas áreas de la educación.

Considero que en la medida en que al alumno se le entrene adecuadamente para apreciar con claridad y precisión los rasgos que caracterizan a una argumentación y a un argumento bien organizados, estará mejor preparado para la ocasión en que tenga que escribir sus propios argumentos. Y, además, estará en mejores condiciones para detectar a tiempo los argumentos defectuosos que se pretendan utilizar para persuadirlo. Por otro lado, cuando el profesor de español, de filosofía o de sociales —para sólo citar algunos ejemplos— tiene mayor claridad acerca de la anatomía de un argumento bien conformado, está en mejores condiciones para llevar a cabo una metodología efectiva y funcional, especialmente cuando tenga que orientar el tratamiento argumentativo que caracteriza a los incontables ensayos que deben escribir sus alumnos. En este trabajo me he preocupado por ofrecer una versión equilibrada de teoría y práctica argumentativa. En tal sentido, sólo me resta la esperanza de que mi aporte pueda ser de alguna utilidad para quienes todavía están interesados en mejorar la calidad de sus argumentaciones.

# Agradecimientos

Hay varias personas cuya colaboración fue decisiva para el progreso y culminación del presente trabajo. A ellas deseo expresarles mi gratitud.

Al profesor Adolfo León Gómez, de la Universidad del Valle, cuyas investigaciones y conversaciones sobre teoría de la argumentación resultaron muy valiosas para la orientación que quería darle al trabajo. A Nelson Barros, profesor de la Universidad del Atlántico por los conocimientos adquiridos en su seminario sobre *Lógica del silogismo jurídico* y por las acertadas observaciones formuladas cuando el trabajo estaba apenas en la fase de evaluación. A la doctora Mariela Vargas P., de la Universidad del Atlántico, por su oportuna y acertada asesoría en el campo de la hermenéutica jurídica. Y a los profesores Rogelio Tobón, de la Universidad de Antioquia, Guillermo Viana R., Jesús Correa P, Roberto Vargas J., de la Universidad del Atlántico, y a Diego Augusto García Sierra, corrector de estilo de la Universidad de Antioquia, por los valiosos comentarios orientados a eliminar desaciertos estilísticos y simplificaciones excesivas.

Finalmente, agradezco al Departamento de Publicaciones de la Universidad de Antioquia por haberme ofrecido un cálido hogar académico para mis reflexiones sobre el texto escrito.

*Álvaro Díaz Rodríguez*

# 1

# Argumentación, persuasión, demostración

*Que en este mundo traidor nada es verdad ni mentira...*
*Todo es según el color del cristal con que se mira...*

Campoamor

El hombre vive inmerso en un contexto argumentativo. La argumentación hace parte de su mundo cotidiano; no hay conversación, discusión, declaración, opinión en la que no subyazca un esfuerzo por convencer. El hecho de vivir en sociedad no significa que todos los individuos piensen de la misma manera. En muchas ocasiones el asociado tiene la necesidad de evaluar racional y críticamente ideas con las que se le intenta persuadir, y, en otras, requiere buscar los procedimientos más adecuados para presentar sus puntos de vista de tal modo que sean aceptados o compartidos por las personas razonables.

Pero muchos de nuestros análisis son espontáneos, informales e intuitivos. El fracaso de un equipo de fútbol, una mala jugada en un partido de dominó, la declaración de un político, una decisión del Fiscal General de la nación, el sistema de juego de la selección nacional de fútbol, la elección del entrenador de esa selección, etc., forman parte del inmenso repertorio de temas sobre los que argumentamos a diario.

Pero hay ocasiones mucho más formales —y por tanto mucho más exigentes— en las que por alguna necesidad tenemos que escribir textos argumentativos: ensayos, editoriales, sentencias, providencias, apelaciones, ponencias, etc.

## Argumentación y persuasión

Los términos 'persuasión' y 'argumentación' a menudo son utilizados como sinónimos, pero aunque aluden a conceptos estrechamente relacionados es conveniente establecer algunas diferencias, necesarias para un estudio de la argumentación discursiva.

La persuasión es un acto discursivo intencional encaminado a lograr una acción o una determinada línea de conducta en un destinatario (persona o grupo) apelando más a sus emociones, deseos, temores, prejuicios, y todo lo relacionado con el mundo de los afectos, que a su raciocinio. Al persuasor sólo le interesa lo que el persuadido haga o no haga y no lo que sienta o piense; su propósito casi siempre es alcanzar algún fin preestablecido.

La persuasión es una forma de control social con la que se manipula el comportamiento de determinado individuo o grupo social. Para lograr su objetivo algunas fuentes de persuasión tienen que recurrir, incluso, a la mentira o a la apariencia. En la publicidad, la propaganda y la política encontramos los mejores ejemplos de persuasión.

En un comercial de televisión, por ejemplo, se promociona una marca de cera para pisos con la que se obtienen inmediatamente excelentes resultados. Algo que el televidente desconoce es que el piso que se muestra en el comercial fue brillado previamente, que luego fue rociado con una capa de polvo, y que en esas condiciones se le aplicó una nueva capa de cera frente a la cámara de televisión para obtener el efecto que los publicistas querían lograr en el televidente. De este modo, las amas de casa aprecian resultados sorprendentes que las manipularán con el fin de conducirlas a comprar esa marca de cera. En otro comercial un famoso atleta recomienda un suplemento alimenticio que, en realidad, no consume. El propósito es hacerle creer a determinados televidentes que la fortaleza y constitución física que exhibe el atleta tiene que ver con el consumo de ese alimento, de modo que si éstos también los consumen, lograrán similares resultados. José Lorenzo González se expresa en estos términos sobre este asunto:

> Según los anunciantes, el atractivo más romántico de una pastilla de jabón o de un desodorante no reside en su función para eliminar la suciedad o el olor de nuestro cuerpo, sino porque nos proporcionan atractivo personal, éxitos profesionales, numerosos romances, conquistas de la persona ideal del sexo opuesto, éxito social y todo tipo de aventuras. Todo esto lo tenemos si usamos la marca de jabón o del desodorante que presenta el anuncio (1988:13).

Los políticos profesionales conocen muy bien el alcance de una persuasión bien manipulada; algunos, incluso, contratan asesores de imagen para llegar más fácilmente a sus electores. Ellos saben muy bien, aunque sea inconscientemente, que una persona que ha sido persuadida escucha cosas que no se han dicho, acepta verdades que no han sido demostradas y sólo saca las conclusiones que le sugiere la fuente de persuasión.

Entre las estrategias más utilizadas para persuadir a una persona o a un grupo podemos citar las siguientes:

• Mediante coacción o coerción. Coacción es el acto realizado por un individuo o grupo con el fin de obligar a alguien, apoyado en la autoridad o en la fuerza, a que diga algo o ejecute una acción que no quiere. Coercer, por otro lado, significa contener, sujetar, refrenar; constreñir mediante el uso de la fuerza o del poder para impedir que se haga algo. Tanto la coacción como la coerción tienen como propósito obligar al individuo a actuar en contra de su voluntad. Coacción y coerción son dos perspectivas de un mismo evento, consistentes en impedir y obligar a la vez.

Los estados dictatoriales, los gobiernos totalitarios, las sectas religiosas, los grupos terroristas con frecuencia recurren a la coacción y a la coerción como medio para mantenerse en el poder o para intimidar a sus enemigos. La historia es rica en ejemplos: la persecución desatada durante la Edad Media en España por el Santo Tribunal de la Inquisición contra todos los que fuesen sospechosos de profesar creencias diferentes a la fe católica, la persecución contra los judíos durante el apogeo de nazismo, el adoctrinamiento aplicado en la década del treinta en la Unión Soviética propugnado por los jerarcas del Partido Comunista, las universidades revolucionarias creadas en China para la adopción de una nueva ideología revolucionaria. Estas dos formas de controlar y manipular las acciones y conductas humanas, con frecuencia se realizan mediante toda una gama de acciones que van desde la amonestación y la tortura, hasta la aniquilación completa del individuo.

• Apelando a las emociones. Se logra explotando los afectos, emociones, deseos, temores de quien se intenta persuadir. Para tal propósito se ofrecen dádivas o beneficios, se hacen promesas, se insinúa la posibilidad de disfrutar un gozo, de padecer una sanción, se apela a la clemencia. La inducción al arrepentimiento y la creación de un complejo de culpa son resultados de una manipulación emocional.

• Profiriendo amenazas. Incluye acciones como irse a una huelga, practicar un boicot, plantear la posibilidad de perder un status adquirido.

Los atentados y los secuestros son estrategias censurables de persuasión muy utilizadas por los grupos al margen de la ley.

• **Mediante ofrecimiento o petición de dádivas.** En este acápite, vamos a referirnos a dos delitos que ilustran estas dos censurables estrategias de persuasión: la concusión y el cohecho. Incurre en el delito de concusión el funcionario público que, abusando de su cargo, exige o hace pagar una contribución o una dádiva indebidas, para sí o para un tercero, por realizar un acto administrativo de su competencia. Por otro lado, incurre en el delito de cohecho quien soborne o intente sobornar a un funcionario público con el fin de que haga o deje de hacer algo relativo a sus funciones. Tanto el cohecho como la concusión son delitos contra la administración pública.

• **Apelando a la mentira o al engaño.** Se logra tergiversando deliberadamente datos, hechos, opiniones, estadísticas y, en general, recurriendo a premisas y a conclusiones falsas.

• **Apelando a la identificación con el grupo.** Consiste en demandar la actitud de alguien que no se comporta o piensa de acuerdo con los patrones establecidos y aceptados por un grupo social. En época de elecciones esta estrategia es muy utilizada para lograr acuerdos que le convienen a una colectividad.

• **Mediante la desindividualización.** Consiste en adoctrinar al individuo para que piense como grupo. La estrategia es muy utilizada en las sectas religiosas, en los grupos terroristas y en algunos sistemas de opresión. Sus integrantes pueden llegar al extremo de justificar cualquier delito que realice el grupo por grave que sea. Para ellos, siempre habrá una justificación, incluso cuando el grupo realiza acciones que perjudican a toda una comunidad o a alguien en particular: voladura de oleoductos, actos terroristas, suicidios colectivos, etc.

• **Mediante recursos lingüísticos.** Consiste fundamentalmente en utilizar un léxico recargado con connotaciones ideológicas y emocionales. En estos casos es muy usual el empleo de estribillos, frases hechas que expresan consignas o eslogans, y el empleo de términos con connotaciones dogmáticas (comunista, reaccionario, paramilitar, burócrata, capitalista, ateo, explotador).

• **Mediante mensajes subliminales.** Se trata de mensajes indirectos (por ejemplo, los ostentosos desfiles militares y las pruebas nucleares con que las potencias mundiales impresionan a sus enemigos) sutiles, imperceptibles para la mente consciente (por ejemplo, las alusiones sexuales que subyacen en algunos avisos publicitarios). Las estrategias subliminales sobrepasan la comprensión consciente y están orientadas a manipular nuestros temores, deseos y frustraciones inconscientes. "La parte más delicada del universo, nuestro inconsciente, acaba siendo intoxicado por consignas y mensajes de los que no tenemos ninguna noticia y que, sin embargo, nos incitan a hacer lo que favorece intereses ajenos a los nuestros" (González, 1988: 13).

Muy poco de lo que conocemos conscientemente es lo que parece ser. Bryan Key, uno de los más famosos investigadores en el campo de la persuasión subliminal, se refiere así a esta estrategia persuasiva muy utilizada en cine, revistas y comerciales de televisión:

> Las integraciones subliminales pueden hacer que las celebridades, las modelos, los automóviles, las comidas o cualquier otro objeto comercial se tornen más atractivos, excitantes, deseables, sabrosas y vistosas [...] En palabras más simples, lo que perciben conscientemente los individuos, grupos o incluso naciones, con frecuencia poco o nada tiene que ver con las realidades físicas, biológicas y sociales que las percepciones representan (1992: 81).

Las técnicas de persuasión utilizadas por los medios de información son, a todas luces, deshonestas cuando se aprovechan de esta particularidad de los seres humanos.

La argumentación es una forma de convencer o de lograr una adhesión de un determinado auditorio, pero apoyándose más que todo en criterios racionales. Por eso argumentar es mucho más difícil que persuadir cuando se intenta convencer a un auditorio exigente. Con la argumentación se busca fundamentalmente un convencimiento, una aceptación de una forma de interpretar un hecho o situación, y no propiamente la manipulación para realizar una acción. Por esta razón, la argumentación no puede ser coercitiva. Mientras la persuasión apunta a las emociones del destinatario, la argumentación apunta a su raciocinio.

Pero en su afán por lograr una adhesión, o por reforzarla, quien argumenta apela en algunas situaciones a los sentimientos del destinatario. Después de todo, además del raciocinio, en el hombre también habitan los sentimientos, las emociones, elementos importantes para el logro de determinados propósitos. Es más, en un vasto sector de los actos humanos lo emotivo es mucho más importante que lo racional, especialmente cuando lo primero proporciona una situación deseable.

El predominio de lo emotivo sobre lo racional o de lo racional sobre lo emotivo depende del propósito consciente o inconsciente que se tenga. Gran parte de los diálogos entre enamorados, amigos, padres e hijos, profesores y alumnos, tienen una intención persuasiva. La persuasión resulta deshonesta cuando tiene como principal propósito lograr beneficios mediante el engaño o cualquier otro procedimiento censurable. Los discursos químicamente puros no existen. Por eso en ocasiones resulta difícil establecer una frontera que señale con precisión dónde termina una argumentación y dónde comienza una manifestación persuasiva en un texto. La proximidad entre estas dos formas discursivas puede, incluso, dificultar su diferenciación en algunas ocasiones.

El principal propósito de una argumentación es convencer, lo cual puede obedecer a necesidades como: influir en la opinión de alguna persona o grupo social, modificar alguna opinión del auditorio, disuadir a quienes se muestran opuestos a un punto de vista, minimizar la hostilidad hacia una determinada tesis, justificar una convicción o refutar puntos de vista que no se comparten.

Atendiendo a la relación existente entre persuadir y argumentar, podemos concluir que una persona o grupo puede ser: persuadido y convencido; convencido pero no persuadido; persuadido pero no convencido, y, en el peor de los casos, ni persuadido ni convencido. Para quien esté preocupado por el carácter racional de la argumentación, convencer es mucho más que persuadir. Por eso, ante la imposibilidad de convencer racionalmente a alguien, algunas personas tienen que recurrir al pago u ofrecimiento de dádivas o a la intimidación.

Históricamente famoso es el caso de Galileo, quien en 1663 —entonces de 69 años y, además, frágil de salud— fue forzado por los inquisidores de la época a retractarse y abjurar de su conclusión: "Solamente el sol puede funcionar como centro del universo, por lo tanto es la tierra la que se mueve alrededor del sol". Como es sabido, las ideas de Galileo se oponían a las defendidas por la fe católica: "Dios fijó la tierra para no ser movida por toda la eternidad". Lo que tal vez sea motivo de leyenda, dice que al abandonar a los inquisidores romanos que lo cuestionaron, dijo refiriéndose a la tierra: *Eppur si muove* (Y sin embargo se mueve). Galileo había sido persuadido mediante coacción, pero no convencido racionalmente.

## Argumentación y demostración

Como ya se ha dicho, el propósito de una argumentación es, ante todo, lograr acrecentar la adhesión a un punto de vista que se somete a la consideración de un auditorio, pero no demostrar la veracidad de una conclusión; eso pertenece al terreno de la demostración científica.

Una demostración es una cadena de razonamientos que se propone probar la verdad de un conocimiento a partir de las relaciones que guarda con otros, cuya validez ha sido obtenida a partir de premisas igualmente válidas. La verdad de una demostración se prueba por los efectos que produce. Pero aun los mismos científicos rara vez consideran definitivamente probadas sus teorías. Hoy, por ejemplo, la ciencia ha demostrado la falsedad de premisas científicas que en el pasado fueron consideradas como verdaderas, —que la tierra era plana, que el sol giraba alrededor de la tierra, que el átomo era indivisible—. Sin duda, muchas de las verdades científicas de hoy serán igualmente rectificadas en el futuro. Eso no quiere decir que las ciencias hayan fracasado; por el contrario, significa que siguen cosechando triunfos en aras de una mejor comprensión del universo.

El propósito de una demostración radica en su afán de verificación. Cuando en geometría, por ejemplo, hay que demostrar que "la suma de los ángulos internos de un triángulo es igual a 180 grados", o que "en todo triángulo rectángulo el cuadrado de la longitud de la hipotenusa es igual a la suma de los cuadrados de la longitud de los catetos", es imperativo que quien realice esta demostración recurra a premisas aceptadas en geometría y, además, las organice lógicamente en su sustentación. Todo este proceso incluye la aceptación de premisas previamente demostradas sobre prolongación de líneas rectas, paralelas, ángulos rectos, ángulos externos, ángulos adyacentes, bisectrices, etc. Por eso, la demostración puede ser correcta o incorrecta; en ella se contrasta lo verdadero con lo falso, no existe otra posibilidad. Las premisas de una argumentación, en cambio, se basan en opiniones, creencias, presunciones, sospechas, indicios, testimonios, hipótesis, que bien pueden ser objeto de controversia. Por eso la fuerza de la adhesión que provoca una demostración es mucho más intensa que la que provoca una argumentación.

Al contrario de lo que ocurre con demostración, una argumentación no puede ofrecer pruebas rigurosas, irrefutables.

> Los argumentos no son pruebas formales. Una prueba lógica o matemática puede ser verdadera o falsa; si es verdadera, inmediatamente obtendrá el asentimiento de cualquier persona capaz de entenderla. Se ha señalado también que no hay un procedimiento único para la construcción de un argumento (Majone, 1997: 68).

Mientras una demostración científica se rige por criterios lógicos bivalentes, es decir, lo que se afirma es falso o verdadero, una argumentación, en cambio, obedece a una necesidad social. La demostración científica conduce a conclusiones evidentes; la argumentación, en cambio, a verdades posibles. Esto explica el porqué una argumentación puede ser compartida o no compartida —en todo o en parte—. Su propósito es justificar una opinión, una decisión, a sabiendas de que no será compartida por todas las personas racionales. En el fondo, "la gran diferencia entre la demostración y la argumentación dialéctica radica en la naturaleza de sus premisas, y no en el procedimiento deductivo, ya que es común a las dos formas" (Oleron, 1978: 32).

Giandoménico Majone ve así la diferencia entre la demostración y la argumentación:

> Primero, la demostración es posible sólo dentro de un sistema formalizado de axiomas y reglas de inferencia. La argumentación no parte de axiomas, sino de opiniones, valores o puntos de vista refutables; utiliza inferencias lógicas pero no se agota en sistemas deductivos de enunciados formales. En segundo lugar, una demostración trata de convencer a todos aquellos que cuentan con los conocimientos técnicos requeridos, mientras que la argumentación se dirige siempre a un auditorio particular y trata de provocar o incrementar su adhesión a las tesis que se presentan para su consentimiento (1997: 58).

En un sentido riguroso, las demostraciones no son propias de disciplinas humanas como las ciencias sociales, el derecho, la sociología, la filosofía, la teología, la crítica y otros saberes afines. Si en derecho, por ejemplo, fuese posible una demostración rigurosa, no habría lugar para tantos fallos injustos y erróneos, que muchas veces son impugnados ante las cortes para que éstas determinen la interpretación jurídica legal y justa de acuerdo con lo establecido en la constitución y en los códigos. No habría en las cárceles tantos inocentes debido a investigaciones defectuosas y acientíficas; tampoco habría en las calles tantos delincuentes gozando de la libertad por el simple hecho de que algún juez o fiscal no logró demostrar su culpabilidad, gracias a la astucia del abogado de la defensa y a la laxitud e incapacidad del mismo juez.

La argumentación, salvo en el caso de los procesos judiciales, en los que el juez debe producir un fallo definitivo, pocas veces puede darse por concluida. "Una argumentación nunca es suficiente. De ahí la necesidad de la repetición y de la insistencia, inútiles en la demostración" (Gómez, 1991: 36). A diferencia de las demostraciones científicas, toda argumentación es abierta, siempre será necesario reforzarla o reformularla. La controversia acerca de la legalización de la pena de muerte, por ejemplo, jamás se dará por finalizada: siempre será objeto de polémica y seguirán surgiendo nuevos argumentos a favor o en contra de su aprobación. Los argumentos pueden ser compartidos o no compartidos, convincentes o no convincentes, pero no correctos o incorrectos. "Justificar no es demostrar. En la demostración se habla de enunciados donde la verdad se transmite de premisas a conclusión. La justificación es de orden práctico: se justifica un acto, un comportamiento, una disposición a la acción, una pretensión, una escogencia, una decisión" (Gómez, 1988: 281).

Las mismas ciencias no son una colección de verdades eternas, sino más bien un permanente proceso de búsqueda y de comprensión del mundo. Los científicos seguirán buscando una mejor interpretación del universo y rectificando lo que en un momento consideraron como verdad científica. Por esto, salvo en el caso de disciplinas lógico-formales como la geometría y las matemáticas, las demostraciones estrictas son, en muchos casos, transitorias, y en otros, impracticables. Aspirar a demostrarlo todo es una pretensión inútil; no siempre se pueden mostrar verdades objetivas. "El científico tiene que conformarse con la provisionalidad e inseguridad de su conocimiento" es un garante que comparten las comunidades científicas. Aun cuando el propósito de la ciencia es ser objetiva, los mismos científicos pocas veces logran su propósito, pues al igual que nosotros, son seres humanos que experimentan emociones al opinar, que tienen preferencias y creencias y que también se equivocan en lo relacionado con la verdad de sus premisas.

En el mundo de hoy, los científicos tienen muchas cosas que decir, muchas opiniones que sustentar acerca de la salud, la sociedad y el entorno; deben responder a interrogantes como: ¿Se debería construir una planta nuclear en determinado lugar? ¿Se debe desviar el curso de determinado río? ¿Se justifica construir una hidroeléctrica en algún sitio del país? ¿Los desechos químicos se deberían quemar, enterrar o ser lanzados al mar? ¿Se deberían prohibir ciertos experimentos con seres humanos? ¿La eutanasia debería legalizarse?

Mucha gente cree que todo lo que afirman los científicos son verdaderas demostraciones, pero, en verdad, el éxito de la fuerza demostrativa de sus argumentos en muchos casos depende de aceptación del auditorio. Las respuestas a los interrogantes planteados en el párrafo anterior exigen un sólido conocimiento científico, pero las razones que se esgrimen pueden ser apreciadas en forma diversa por diferentes científicos que hayan llegado a conclusiones distintas sobre los mismos hechos. De modo que en estos casos, los mismos científicos tienen que valerse de razones que no siempre gozarán de un acuerdo universal dentro de la misma comunidad científica. Y en estos casos, más que demostrar tienen que argumentar. Pero es tan fuerte la apelación a la demostración, que podríamos afirmar que toda argumentación aspira al status de una demostración.

> Quien argumenta quisiera aparecer como si estuviese confirmando un hecho y no sustentado una probabilidad. Y tal apariencia se puede recrear con una cuidadoso manejo del lenguaje, especialmente cuando se trata de auditorios poco resistentes. Los investigadores sobre el tema han encontrado que el solo empleo del rótulo *hecho* puede conferir un mayor grado de credibilidad a un enunciado (Fahnestock y Secor, 1990: 14).

En síntesis, las ciencias exactas demuestran; las humanidades argumentan.

# 2
# La argumentación discursiva

Una argumentación discursiva contempla cuatro aspectos importantes:

• En cuanto al tema. La argumentación surge de una situación o hecho cuya interpretación es motivo de polémica y amerita, por lo tanto, una justificación. Por eso una persona razonable no se esforzará en argumentar a favor de algo sobre lo que existe un acuerdo universal. Si todas las personas compartiesen las mismas opiniones jamás habría cabida para una argumentación. Por eso, quien argumenta es consciente de que pretende hacer válida una posición que no tiene por qué ser compartida por todos los seres racionales y que, por lo tanto, siempre habrá opiniones a favor o en contra de las tesis que se defienden. Temas como la legalización de la marihuana o de la pena de muerte, la despenalización de la eutanasia, la creación de grupos civiles armados de autodefensa, etc., siempre serán motivos de polémica.

• En cuanto al propósito. Quien argumenta tiene como propósito ejercer una influencia sobre algún destinatario para que adhiera a sus puntos de vista. Toda argumentación se propone transmitir o acrecentar una convicción o una adhesión. "El discurso argumentativo apunta, si no a convencer, al menos a establecer lo justo de una conclusión" (Vignaux, 1976: 66).

• En cuanto a los medios utilizados. La argumentación se fundamenta en un proceso discursivo racional. Quien argumenta tiene que recurrir a razonamientos sustentados con hechos, casos ilustrativos o ejemplos particulares, evidencias, opiniones de autoridades, datos estadísticos, testimonios y experiencias personales o de otras personas. La argumentación escrita se actualiza mediante diversas formas discursivas tradicionalmente denominadas narración, exposición, descripción y argumentación. Prácticamente todas las modalidades discursivas pueden aparecer subsumidas por la argumentación.

• En cuanto a los participantes. En una argumentación intervienen dos participantes: una fuente de argumentación que pretende convencer o ejercer una influencia acerca de algunos puntos de vista, y un destinatario (persona o grupo) al que se aspira convencer. En la retórica clásica, el auditorio era la masa congregada en el ágora o en los tribunales públicos con el fin de participar en alguna deliberación. La nueva retórica, concibe al auditorio como el destinatario del discurso —ya sea oral o escrito— el cual no siempre tiene que estar necesariamente frente a la fuente de argumentación. Perelman concibe al auditorio como el conjunto de aquellas personas competentes y razonables sobre las cuales se pretende influir en el discurso. De modo que, además del público reunido en algún recinto, se considera también como auditorio al lector de algún texto y a los oyentes de la radio y la televisión. Cuando, por ejemplo, en un periódico se publica un texto en el que se refutan o cuestionan los planteamientos o acciones de algún personaje público, en el fondo, más que pretender persuadir o disuadir a esa persona, lo que se propone quien argumenta es influir en el mayor número de lectores razonables de ese diario, esto es, en lo que Perelman denomina el auditorio universal.

La noción de auditorio es de fundamental importancia en la teoría de la argumentación, porque ningún discurso es lo suficientemente eficaz si no se adapta a los sujetos que pretende convencer o persuadir. El éxito de la fuente de argumentación reside en el hecho de que conozca perfectamente lo que el auditorio sabe o piensa y, por supuesto, lo que ignora. Por eso, para influir en el auditorio, es necesario determinar de antemano las causas y la intensidad de una potencial resistencia a los argumentos que se le van a proponer y, además, conocer las opiniones y actitudes que ese auditorio tiene sobre el tema en discusión, a las cuales hay que aludir en el desarrollo del discurso.

Nothsine (1962) considera siete clases de auditorios que puede enfrentar quien intenta convencer con su discurso: 1) abierta o activamente hostil, 2) simplemente hostil, 3) neutral, 4) indeciso, 5) mal informado, 6) que lo apoya, 7) que lo apoya abierta o activamente.

# 3

# Argumentación lógica y argumentación discursiva

La lógica tiene como objeto de estudio la validez del razonamiento y las leyes por las que éste se rige para aceptar esa validez. Se ocupa exclusivamente de los juicios considerándolos en sí mismos como objetos formales, "prescindiendo del proceso de pensar y del sujeto que piensa —aspectos que pertenecen al campo de la psicología y que, por lo tanto, quedan excluidos del ámbito de la lógica—" (Fingerman, 1982:172). Al considerar como objeto de estudio la forma del razonamiento —e ignorar su contenido— la lógica se erige como una disciplina formal.

La lógica sugiere cómo se debería razonar para obtener argumentos válidos. El paradigma del razonamiento lógico es el silogismo. Pero la argumentación silogística, sometida a la rigurosidad lógico-formal, no es la única ni la mejor opción para realizar una argumentación discursiva eficaz. Una teoría a la que sólo le interesa la validez de los procedimientos lógicos y no la verdad empírica de los enunciados o de las conclusiones de los argumentos, y que, además, no describe la forma como verdaderamente piensan todas las personas, resulta demasiado restringida y hasta artificial; especialmente cuando lo que interesa en un proceso argumentativo es discutir la veracidad de las premisas y de las conclusiones acerca de un asunto para que sean aceptadas por el auditorio. Morris Cohen y Ernest Nagel, dos importantes investigadores en el campo de la lógica, son muy enfáticos cuando reconocen que

> No es tarea de la lógica describir lo que sucede en nuestra mente a medida que descubrimos las soluciones rigurosas o exactas de un problema,

cuestión fáctica que concierne a la psicología. La lógica sólo se ocupa en cada paso de determinar si lo que parece una implicación entre una proposición y otra lo es realmente (Cohen y Nagel, 1983: 28).

Un razonamiento silogístico puede resultar válido para la lógica, a pesar de que el contenido de sus proposiciones pueda expresar una falsedad empírica, lo cual facilitaría su refutación como argumento. Por supuesto que la lógica ofrece principios y pautas generales valiosas sobre cómo proceder con proposiciones ya establecidas para llegar a conclusiones válidas; pero sus procedimientos, aunque apropiados para disciplinas que obedecen a procedimientos algorítmicos rígidos, como las matemáticas por ejemplo, no la hacen del todo apropiada cuando sus premisas tienen que tratar sobre juicios que expresan valores —y en las que, además, con frecuencia se procede heurísticamente— como en el caso de ciencias humanas como el derecho, la sociología, la crítica, la ética, la filosofía, y otras disciplinas afines. Por todo esto, se hace necesario recurrir a otra disciplina alternativa que se ocupe de la argumentación no formal, esto es, de las técnicas y estrategias apropiadas para justificar puntos de vista y para aspirar a la adhesión del auditorio. Esta disciplina actualmente se denomina *Teoría de la argumentación* o *Nueva retórica*.

Muchas personas piensan que primero hay que estudiar gramática para escribir correctamente. Sin embargo, los hechos han demostrado algo distinto: escribir es más un acto de pensamiento crítico y retórico que gramatical. No todo el que es experto en teoría gramatical es igualmente idóneo en el arte de escribir, ni todos los que dominan ese arte son igualmente expertos en disquisiciones gramaticales. Con el estudio de la lógica ha sucedido algo parecido. Puesto que esta disciplina tiene como objetivo explicar cómo se debería razonar para obtener conclusiones válidas, esto ha hecho que numerosos teóricos afirmen que si no se estudia lógica formal es muy difícil pensar correctamente y, en consecuencia, escribir bien.

Pero quienes así piensan, tal vez no han tenido en cuenta que mucho antes de que la lógica fuese reconocida como disciplina del pensamiento, mucha gente ya razonaba en forma coherente, como se ha podido comprobar en los escritos que de esa época se conservan. Además, la mayoría de los escritores apenas conocen conscientemente algunos principios generales de la lógica formal.

> Uno no tiene necesidad de estudiar lógica para razonar y escribir correctamente. Ni siquiera los grandes matemáticos se desenvuelven en su quehacer diario a base de mera lógica [...]. Nadie es inteligente en abstracto. No hay claves para resolver cualquier clase de problema; nadie es

bueno para resolver toda clase de problemas. Mientras más general sea una regla de solución de problemas, menos sirve para resolver problemas prácticos y concretos. (Flórez 1994: 245).

Un argumento carece del rigor axiomático-deductivo, casi perfecto, que caracteriza, por ejemplo, a las demostraciones matemáticas. Allí estriba una de las diferencias fundamentales entre un argumento lógico y un argumento discursivo: mientras el primero es constrictivo por cuanto la aceptación de sus premisas prácticamente obliga a la aceptación de su conclusión, el segundo no lo es por cuanto la aceptación de las premisas y de la conclusión puede ser objeto de controversia. La conclusión de un argumento discursivo no se obtiene automáticamente, como sucede con los silogismos. Por esa razón es muy normal que en una argumentación, con las mismas premisas, se llegue a conclusiones diferentes. Veamos un par de ejemplos.

1. Premisas: con la reforma constitucional, y a raíz de la consagración de la acción de tutela, los jueces no tienen tiempo para actualizar sus conocimientos en diversas áreas del derecho.

*Conclusión 1*: por lo tanto, no se debería elegir jueces que no hayan realizado estudios de postgrado, pues en el desempeño de sus funciones no dispondrán del tiempo requerido para mantenerse actualizados en materia jurídica.

*Conclusión 2*: por lo tanto, la administración de justicia debería reglamentar periódicamente seminarios de actualización de carácter obligatorio para los jueces, y remover de sus cargos a aquéllos cuya formación jurídica no sea garantía para tomar decisiones en las que se juegue la dignidad y la libertad de las personas.

2. Premisas: La decisión mayoritaria de la Comisión Judicial de la Cámara de los Lores británicos decidió enjuiciar al ex dictador chileno General Augusto Pinochet por crímenes de lesa humanidad.

*Conclusión 1*: esa decisión es un mensaje de advertencia para todos los ex dictadores, genocidas y torturadores que detentan el poder en cualquier país del mundo, en el sentido de que sus crímenes contra la humanidad no prescriben, y que los jefes de Estado pueden ser juzgados por ellos.

*Conclusión 2*: esa decisión sienta un mal precedente, pues da lugar a una progresiva imposición de una especie de neocolonialismo político-jurídico, con disfraz humanitario, por parte de las naciones ricas sobre las más pobres.

*Conclusión 3*: con esa decisión, los dictadores que aún detentan el poder no renunciarán y, por el contrario, se convertirán en tiranos vitalicios para no correr la misma suerte del ex dictador Pinochet.

Por otro lado, la lógica es una disciplina atemporal y universal (sus principios son apropiados para cualquier época y para cualquier cultura) que aborda el pensamiento en forma general y abstracta —sin importar las circunstancias en que se produce—; la argumentación, en cambio, se desenvuelve en circunstancias de tiempo y espacio particulares en las que no es posible establecer reglas universales y eternas.

Los principios o leyes del pensamiento que se describen en los manuales de lógica no siempre son de obligatorio cumplimiento en una argumentación discursiva. Se ha negado que el principio de identidad ("Si una proposición es verdadera, es verdadera, o dicho de otra forma, *lo que es*"), sea universalmente verdadero, porque una proposición puede ser verdadera en un momento, y falsa en otro (Cohen y Nagel, 1983: 214). La realidad percibida no es más que una percepción, una interpretación; y las cosas no son siempre como las apreciamos. "La realidad —y nuestras percepciones de la realidad— existe en un estado constante de proceso y cambio", ha dicho Key (1992: 181), uno de los más incisivos críticos de la manipulación subliminal utilizada en publicidad.

La ley de la contradicción ("Nada puede ser y no ser al mismo tiempo; o sea, nada puede ser al mismo tiempo A y no A") tampoco es de riguroso acatamiento en una argumentación. Dos proposiciones aparentemente contradictorias pueden ser ambas verdaderas en una argumentación no formal. "Los enunciados verbales pueden ser al mismo tiempo verdaderos o falsos. La verdad y la falsedad son conclusiones y estructuras perceptuales; son frutos de las maneras en que el ser humano siente, ve, escucha, piensa, huele y cree que sabe, o es manipulado para creer que sabe" (Key, 1992: 207).

Tal es, por ejemplo, el caso del padre que tiene que hacer un sacrificio económico para complacer una petición de su hijo: "No tengo dinero, pero te voy a comprar esa bicicleta".

Visto desde la lógica, aquí hay una contradicción: si el padre no tiene dinero, no podrá comprar la bicicleta que piensa regalar a su hijo, y si compra la bicicleta sería falso que no tiene dinero. Y no es que se trate de un razonamiento contradictorio, sino de un enunciado en el que están implícitos algunos efectos perlocutivos: por ejemplo, que el hijo valore el sacrificio que hace su padre para complacerlo. Otro caso similar es el del pasajero que le dice al chofer:

—No vaya a tomar la circunvalar porque por ahí es más lejos.

A lo que el chofer le responde:

—Sí es más lejos, pero es más cerca porque hay menos congestión vehicular y como la ruta está en mejor estado, se puede ir a mayor velocidad.

La expresión "sí es más lejos, pero es más cerca", usada por el chofer, es contradictoria lógicamente, pero discursivamente es correcta en las circunstancias en que fue utilizada. Si bien es cierto que la línea recta es la menor distancia que une dos puntos en el espacio, y que lleva menor tiempo desplazarse en línea recta que en curva, en muchas ocasiones lo segundo permite hacerlo en menos tiempo que lo primero cuando hay obstáculos (vías en mal estado, por ejemplo) que retardan el normal desplazamiento.

El tercer principio lógico, el del tercero excluido ("Toda proposición debe ser verdadera o falsa; o sea, todo debe ser A o no A"), tampoco tiene carácter de obligatorio cumplimiento en una argumentación. Las conclusiones de Bryan Key sobre este principio lógico son igualmente compartidas por los teóricos de la nueva retórica y de la moderna epistemología:

> Quienes conocen y obedecen esta ley pueden crear la fantasía de que conocen con precisión dónde son o no son las cosas. La fantasía de que cada cuestión sólo tiene dos caras permite que la verdad pueda alcanzarse fácilmente. El mundo nunca será un lugar tan simple. [...] Esta ilusión, consciente o inconscientemente construida por millones de personas de todo el mundo, representa uno de los engañosos juegos políticos, sociales, judiciales y económicos más relevantes de todos los tiempos. Ninguna de las realidades percibidas por los seres humanos ha sido tan simple como para estar compuesta por dos caras únicamente. Las dos caras son elaboradas, imaginadas, inventadas perceptualmente. De hecho, puede tener tantas caras como personas haya, o muchas más (Key, 1992: 199).

No siempre es fácil decidir dónde está la verdad, y el principio del tercero excluido no puede decidirlo. Cuando Pedro dice, por ejemplo, que Juan está equivocado y éste sostiene que el equivocado es Pedro, no sería raro que ambos estén equivocados; pues generalmente ante un asunto polémico, siempre existen más de dos alternativas para su interpretación. Juicios como "Bill Clinton fue un buen presidente" y "Bill Clinton fue un mal presidente" pueden ser contradictorios en su forma, pero no es fácil decidir cuál de los dos es el verdadero.

Por otro lado, las circunstancias que rodean determinados hechos pueden variar y hacer, por lo tanto, que varíen igualmente las percepciones que se tenían de ellos. La lógica que verdaderamente tiene lugar en el discurso ordinario poco tiene que ver con la lógica formal, sino más bien con una lógica informal, o para ser más preciso, con una teoría de la argumentación. Se pueden aplicar principios lógicos y equivocarse al mismo tiempo, como sucede con numerosos silogismos. La aplicación de principios lógicos no garantiza que se tenga la razón. La lógica formal constituye un recurso de indudable utilidad para las demostraciones matemáticas, donde es muy normal recurrir a premisas que expresan "verdades eternas" —como las llama Perelman— provenientes de axiomas y corolarios. Estas premisas han sido aceptadas por generaciones en todas las culturas letradas. Allí no hay cabida para la refutación porque en el razonamiento matemático las premisas hacen necesaria la conclusión. Los axiomas en un sistema formal no son objeto de controversia, ha dicho Perelman.

Todas las culturas de todos los tiempos han aceptado sin mayor discusión premisas como, por ejemplo: "la suma de los ángulos internos de un triángulo es igual a 180 grados", o "el cuadrado de la hipotenusa de un triángulo rectángulo es igual a la suma de los cuadrados de los catetos".

Descartes afirmaba que la razón se construye a partir de la evidencia, o sea que la razón debe ser evidente para todas las personas. "Pienso, luego existo" es la aserción con la que mejor resume su posición epistemológica: esto es, no se puede dudar de la existencia ante la evidencia de que se piensa. La apreciación de Descartes tiene mucho sentido, pero sólo para un modelo construido sobre la base de las ciencias, y de la geometría en particular. Sin embargo en ese modelo no tienen cabida los razonamientos dialécticos, es decir, aquéllos de los que no se tiene suficiente certeza. Durante cientos de años el modelo argumentativo de Aristóteles ha sido la base del llamado método científico y el que ha predominado en las llamadas disciplinas lógico-formales. Perelman, el principal exponente de la nueva teoría de la argumentación, considera necesario ampliar el concepto de razón —como sinónimo de evidencia— por inadecuado, para abordar argumentaciones discursivas como las que tienen lugar en el campo de disciplinas que tratan con valores como el derecho, la sociología, la filosofía, la crítica, la ética y otras ciencias afines. "Un argumento jamás es capaz de procurar la evidencia," ha dicho Perelman (1977: 20). Y en el mismo texto (p. 8 )se pregunta: "¿Cómo se puede razonar sobre valores? ¿Existen métodos racionales aceptables que permitan preferir el bien al mal, la justicia a la injusticia, la democracia a la dictadura?"

Naturalmente que los interrogantes de Perelman no se pueden responder exclusivamente con razonamientos lógico-formales; de ahí que los razonamientos dialécticos sean imprescindibles en una argumentación; con ellos se obtienen argumentos igualmente válidos y eficaces al apelar a la razón, sentimientos y emociones de un auditorio al que se aspira convencer.

Por todo esto, al momento de analizar y producir textos en los que se aspira a lograr una adhesión, es necesario completar los aportes de la lógica con los provenientes de la moderna teoría de la argumentación.

# 4
# Silogística y argumentación

Desde los tiempos de Aristóteles, el silogismo ha sido considerado por los lógicos como el paradigma del razonamiento deductivo. Un silogismo es una deducción conformada por tres proposiciones: una premisa mayor, una premisa menor y una conclusión; por ejemplo:

1. Premisa Mayor: los escritores avezados son lectores críticos.
   Premisa Menor: Juan es un escritor avezado.
   Conclusión: luego, Juan es un lector crítico.

En un razonamiento silogístico las premisas aparecen dispuestas de tal manera que la premisa mayor contiene implícitamente la conclusión, y la premisa menor la pone en evidencia. El razonamiento así conformado resulta necesariamente válido, aun si alguna o ambas premisas, o la misma conclusión, expresan una falsedad empírica. Veamos un par de casos:

2. Premisa mayor: todas las aves vuelan.
   Premisa menor: las moscas vuelan.
   Conclusión: por lo tanto, las moscas son aves.
3. Premisa mayor: los lectores críticos son escritores avezados.
   Premisa menor: Juan es un lector crítico.
   Conclusión: luego, Juan es un escritor avezado.

Las deducciones que se expresan en los silogismos 2 y 3 son válidas aunque el contenido empírico de las conclusiones exprese juicios falaces. La estructura del razonamiento 3 parece expresar la misma correlación del silogismo 1. Esta forma de razonar encierra una falacia. Es como si afirmáramos "Te advertí que si ibas al paseo perderías el examen de física. Perdiste el examen de física. Por lo tanto, fuiste al paseo". En términos formales:

Si A, entonces B.
Se dio B, por consiguiente A.

Si bien es cierto, refiriéndonos al silogismo 3, que para ser un escritor experto es requisito ser un lector crítico, eso no implica lo contrario, es decir, que los lectores críticos sean necesariamente escritores expertos. Numerosos buenos lectores no escriben absolutamente nada durante todo un año porque para ellos no es una necesidad; para dominar el proceso de escritura es requisito afrontarlo como una necesidad y como un oficio permanente. De modo que la conclusión del silogismo 3, "luego, Juan es un escritor experto", no resulta convincente porque saber leer es, apenas, una de las exigencias que requiere el oficio de escribir como experto.

La validez de un razonamiento silogístico atañe a su forma, a su procedimiento, y no al contenido de verdad de sus proposiciones. Válido es el procedimiento, falso o verdadero puede ser el contenido empírico de esas proposiciones. Por eso, para la lógica un razonamiento silogístico puede ser válido, incluso en casos en los que siendo verdaderas las premisas la conclusión exprese una falsedad:

Premisa mayor: cuando llueve torrencialmente no hay clases en la universidad.
Premisa menor: hoy no hubo clases en la universidad.
Conclusión: luego, hoy llovió torrencialmente.

Aunque válida lógicamente, la conclusión obtenida en el silogismo anterior no es convincente como argumento, porque no considera causas alternativas. En un argumento, su conclusión debe ser siempre una verdadera consecuencia de las premisas que la originan. Proceder de acuerdo con los cánones lógicos no es garantía suficiente para que se resuelvan en forma satisfactoria los problemas de un argumento.

## El silogismo jurídico

La capacidad de comprobación de un silogismo está garantizada por su claridad esquemática. Su concisión y sencillez permiten detectar fácilmente cualquier error en algunos razonamientos. De ahí que goce de gran acogida en los manuales y cursos de lógica jurídica propios de las facultades de derecho. Pero, irónicamente, en su concisión y aparente facilidad de esquematización radica también su mayor peligro en las decisiones jurídicas, puesto que se presta a simplificaciones excesivas. Sobre la excesiva racionalidad que caracteriza al razonamiento silogístico, Enrique Dóriga se pronuncia en estos términos:

El raciocinio silogístico ignora otros valores que no sean los intelectuales. La belleza y el amor difícilmente pueden aparecer como conclusión de un silogismo. Fácilmente, pues, quedan relegados a un segundo plano por quienes disertan en forma silogística. ¡El deleite estético que produce en nosotros la audición de la quinta sinfonía de Beethoven o de Tchaikovski no es resultado conclusivo de unas premisas! (1986: 126).

Sentenciar, más que una mecánica silogística es un asunto de argumentación discursiva. La esencia del razonamiento jurídico no reposa en el paso de las premisas a la conclusión, sino en la formulación de esas premisas. Si así no fuese, bastaría con que el juez le entregara las premisas a una computadora y de allí saldrían las sentencias. Pero eso no es posible mientras sean seres humanos los que juzguen. El criminólogo holandés Louk Hulsman ilustra esta situación con una anécdota:

> Yo trataba de hacer operacionales los principios, generalmente aceptados por juristas y criminólogos, según los cuales es posible dictar una sentencia "justa" (proporcionalidad de la pena al delito, subsidiareidad del sistema penal, información cierta sobre el inculpado, etc.). Uno de mis colaboradores llevó ese modelo a la computadora y, cuando quisimos trabajar con él sobre problemas concretos, tuvimos una experiencia asombrosa: preguntábamos: "En tal caso... y en otro... ¿Cuál sería la pena correspondiente? La máquina respondía siempre: ¡Ninguna pena! Nunca se encontraban todas las condiciones reunidas para que el tribunal pudiese pronunciar una pena justa dentro del marco del sistema penal! Fue en el año de 1970 (1984: 14).

El proceso que realiza el juez antes de proferir una sentencia es mucho más complicado que silogizar. El meollo del razonamiento judicial no radica, ni remotamente, en la conformación de un silogismo, sino en la correcta elección de las premisas. Si bien es cierto que la premisa mayor de un fallo se apoya en alguna norma o ley que proporcionan los códigos y la constitución, que la premisa menor expresa el caso específico que de alguna manera la pone en evidencia, y que en la conclusión se determina la inocencia o culpabilidad del implicado, la selección de tales premisas y la decisión final no "se basan en la lógica, sino en los impulsos del juez, que están determinados por factores políticos, económicos, sociales, y sobre todo, por su propia idiosincracia", como lo ha dicho el jurista español Manuel Atienza (1995: 124). Y es que, como afirma Hugo Padilla, "la lógica no puede proporcionar una descripción de los procesos reales del pensamiento: estos problemas son del dominio de la psicología. La lógica no puede proporcionar reglas para hacer inferencias, ya que esto corresponde al descubrimiento" (1944: 94).

En derecho, la solución de un caso no siempre es aplicable a otro similar. Allí no siempre se cumple la fórmula lógica de que "Si A es igual a B, y B es igual a C, necesariamente A es igual a C". La posición lógica es admisible en muchos casos, pero también conduce a errores en numerosas ocasiones, especialmente cuando se pretende aplicar principios abstractos a situaciones concretas específicas, ignorando las circunstancias que rodean los hechos. Salvo en los casos en que no exista una ley que sancione determinadas conductas delictivas, y el juez tenga que tomar una decisión jurídica al respecto, los argumentos basados en analogías están prácticamente proscritos en la interpretación y aplicación de la ley penal.

De nada sirve un silogismo jurídico si, aunque válido, exhibe fallas en lo concerniente al valor de verdad y a la incorrecta selección de sus premisas, tales como: aplicación de normas o leyes derogadas, interpretación errada o demasiado limitada de las leyes, aplicación indebida de normas, deficiencia en la evaluación de hechos y experticios, etc. Consciente de este hecho, el jurista Giovanni Brichetti opina así: "Las grandes tragedias se producen al sentenciar, aunque el silogismo sea perfecto. Los grandes errores judiciales, los mayores dramas, no se producen por una equivocada transición de las premisas a la conclusión, sino por una errónea formación de aquellas premisas" (1973: x).

"No es raro que cometa injusticia el magistrado que sigue rigurosamente el texto legal", ha dicho Miguel Reale (1986: 252), otro importante jurista. El juez no puede limitarse a hacer del proceso un esquema deductivo sin antes haber sustentado su actuación. La argumentación es un proceso anterior a su formalización silogística. Antes de silogizar, el juez tiene que decidir si la ley o norma que va a escoger (su premisa mayor) es aplicable o no, y ése no es un problema de lógica sino de hermenéutica jurídica. Si la función de los jueces se redujera a acoger de plano la norma que va a servirles como premisa mayor, y a especificar la conducta que va a expresar su premisa menor, sin ningún esfuerzo hermenéutico y creativo de su parte, no se justificarían los jueces en el mundo moderno, ya que su labor bien podrían realizarla computadoras que, con una actitud rigurosa, fría e indiferente, dictarían sentencia. "Pero la vida del derecho no ha sido lógica, sino experiencia", según lo afirma el juez norteamericano Holmes, citado por el jurista español Manuel Atienza (1995: 123).

Todo lo anteriormente dicho nos lleva a considerar que el método propuesto por la lógica formal es demasiado reduccionista e incompleto como instrumento para resolver problemas judiciales. Las decisiones acerca de la verdad no dependen de principios lógicos, sino de la aceptación de determinados aspectos del conocimiento del mundo y de la aceptación o rechazo de determinados valores. La insuficiencia de la lógica para dar cuenta de problemas jurídicos, y humanos en general, hace necesaria la existencia de una teoría de la argumentación discursiva. Sobre esta limitación de la lógica, Henry Lefevre, un destacado investigador sobre este tema, dice:

> La lógica formal, al igual que la gramática, sólo tiene un alcance relativo y una aplicación limitada. La lógica de la forma, es por tanto la lógica de la abstracción. Cuando nuestro pensamiento, después de esta deducción provisional del contenido, retorna hacia él, para volver a aprehenderlo, la lógica formal se revela como insuficiente. Es preciso sustituirla por una lógica del contenido, en la que la lógica formal no es sino un elemento, un esbozo válido en el plano formal, pero aproximativo e incompleto (1984: 94).

# 5

# Entimema y argumentación

En una argumentación discursiva no se razona en la forma tan artificial y esquemática como en los ejemplos silogísticos que pululan en los manuales de lógica. En primer lugar el número de premisas de una argumentación puede ser mayor del que conforma un silogismo, ya que con frecuencia la conclusión requiere de más de dos premisas para su sustentación. Por otro lado, se puede alterar el orden de las premisas y conclusiones: la conclusión de un argumento, por ejemplo, no tiene un lugar fijo: puede aparecer al comienzo, en medio o al final, e incluso puede omitirse cuando resulta tan obvia que el lector puede deducirla con sus propias palabras sin mayores dificultades.

En un argumento muchas veces la presencia de un silogismo pasa desapercibida porque aparece conformado de forma incompleta. A este tipo de silogismo se le denomina *entimema*. Dicho de otra manera, un entimema es un silogismo en el que está implícita alguna de las premisas o la misma conclusión. El entimema le produce al auditorio la ilusión de que infiere por su propia cuenta. Si, por ejemplo, un agente de policía pretende detener a un individuo X que se divierte en una verbena, y alega como razón la homosexualidad del señor aludido, quien asuma la defensa bien podría argüir:

> Para que una conducta sea punible, debe ser típica, antijurídica y culpable. Y la homosexualidad no está tipificada como delito en ningún código.

En el razonamiento entimémico anterior no es difícil inferir la conclusión:

El señor X no puede ser privado de la libertad, ya que no ha cometido ningún delito.

Los argumentos expresados en oraciones compuestas, en los que se expresa una causa y una consecuencia, o viceversa, son auténticos entimemas. En tales casos es muy común utilizar conectivos como: porque, ya que, por lo tanto, por ende, en consecuencia, así que, luego, de ahí que, etc., para hacer más explícita la relación entre las proposiciones que conforman la oración. Veamos un ejemplo:

Los cultivadores de algodón tuvieron grandes pérdidas debido a las torrenciales lluvias que han caracterizado a este prolongado invierno.

La premisa faltante en el argumento anterior se podría reconstruir así: "Las prolongadas lluvias torrenciales perjudican el cultivo de algodón", premisa que constituye un garante que conocen muy bien los cultivadores de algodón.

Desde la retórica aristotélica, el entimema se ha erigido como la médula del razonamiento argumentativo, en el sentido de que en la organización interna de cada uno de los argumentos que conforman una argumentación subyace un entimema. Dicho metafóricamente, en la estructura profunda o interna de una argumentación subyace toda una cadena de entimemas, en la que cada eslabón sintetiza una razón a favor de la tesis de todo el texto. Obsérvese, por ejemplo, la siguiente cadena de entimemas:

Tesis: La pena de muerte es una decisión irracional que jamás debe consagrarse en nuestra Constitución.
    Entimema 1.
    Premisa mayor: matar es la peor solución para resolver, incluso, los peores conflictos humanos.
    Conclusión: luego, la pena de muerte es una decisión irracional que jamás debe consagrarse en nuestra Constitución.
    Entimema 2.
    Premisa mayor: la pena de muerte no intimida a los criminales.
    Conclusión: luego, la pena de muerte es una decisión irracional que jamás debe consagrarse en nuestra Constitución.
    Entimema 3.
    Premisa mayor: la pena de muerte no ejemplariza.
    Conclusión: luego, la pena de muerte es una decisión irracional que jamás debe consagrarse en nuestra Constitución.
    Entimema 4.
    Premisa menor: nuestro sistema judicial es propenso a cometer errores.

Conclusión: luego, la pena de muerte es una decisión irracional que jamás debe consagrarse en nuestra Constitución.
Entimema 5.
Premisa menor: con la pena de muerte no hay proporción entre el daño causado y la reacción del Estado.
Conclusión: luego, la pena de muerte es una decisión irracional que jamás debe consagrarse en nuestra Constitución.
Entimema 6.
Premisa mayor: cuando es imposible que una ley surta el efecto para el cual es creada, es mejor no aprobarla.
Premisa menor: con la pena de muerte no desaparecen las causas de la criminalidad.

Como puede apreciarse, en cada uno de los seis entimemas se ha elidido una proposición: en los entimemas 1, 2 y 3 se elidió la premisa menor; en los entimemas 4 y 5 se elidió la premisa mayor; y en el entimema 6 se elidió la conclusión. Estos entimemas comparten la misma conclusión; es decir, cada uno de ellos expresa una razón diferente a favor de la misma tesis, así:

Acerca de la pena de muerte
Tesis: la pena de muerte es una decisión irracional que no debe consagrarse en nuestra Constitución.
Fundamentos:
1. Porque no es la mejor solución para resolver, incluso, los peores conflictos humanos.
2. Porque no intimida a los criminales.
3. Porque no ejemplariza.
4. Porque nuestro sistema judicial es propenso a cometer errores.
5. Porque no hay proporción entre el daño causado y la reacción del Estado.
6. Porque cuando es imposible que una ley surta los efectos para los cuales fue creada, es mejor no aprobarla. Con la pena de muerte no desaparecen las causas de la criminalidad.

En una argumentación discursiva, cada argumento se desarrolla a partir de un entimema que, a su vez, tiene que ser sustentado mediante el agregado de nuevas premisas (de nuevos entimemas) que aportan nuevos detalles, evidencias y razones a su favor. De esta manera los argumentos resultan más específicos y más convincentes. Con el siguiente ensayo acerca de la pena de muerte se ilustra este procedimiento.

¿La pena de muerte, el castigo más justo?
1. Cada vez que en el país los medios de información registran acciones terroristas o crímenes que impactan por la cobardía y los propósitos con que se

realizaron, inmediatamente vuelven a proliferar las voces de quienes solicitan la legalización de la pena de muerte. Los países y estados en donde existe la pena capital consideran que éste es el castigo más justo y proporcional para quienes cometan crímenes execrables. El dolor, la ira, la injusticia y hasta la sed de venganza son factores que, sin embargo, impiden prever los alcances negativos de su legalización. *Consagrar la pena de muerte en nuestra Constitución sería una decisión irracional*. A pesar del fervor con que mucha gente aboga a favor de su aplicación, hay factores de diversa índole que no favorecen esa posición.

2. Cuando una sociedad ejecuta a alguno de sus integrantes, aun cuando se haya demostrado el crimen que se le imputa, imita precisamente una conducta que condena. Tal actitud encierra una gran contradicción ética. Con ese proceder, la misma sociedad está reconociendo que matar al prójimo es una forma lícita para resolver graves problemas humanos. Pero *matar es la peor solución para resolver, incluso, los más graves conflictos humanos*. La aprobación de la pena de muerte en nuestros tiempos significaría regresar a épocas de barbarie ya superadas en un altísimo porcentaje.

3. Se arguye que la disuasión es el principal objetivo de las ejecuciones. Pero las evidencias permiten concluir lo contrario, esto es, que *la pena de muerte no intimida a los asesinos compulsivos*. Los criminales de alta peligrosidad son insensibles ante el dolor físico y moral. Ellos saben muy bien que morir es uno de los riesgos de su comportamiento ante el mundo, y por lo tanto es algo que no les aterra, en oposición a lo que ilusamente creen las personas de bien. Tampoco intimida a quienes cometen crímenes pasionales, ya que cuando estas personas delinquen, generalmente no son conscientes de su conducta ni de las consecuencias de la misma. La pena de muerte sólo atemoriza a delincuentes ocasionales y a personas honestas y pacíficas que, por alguna circunstancia inesperada del destino, se puedan ver comprometidas en algún crimen. Edmund Brown, ex gobernador del Estado de California, declaró tras una ejecución en 1964: "La pena de muerte se ha constituido en un grave fracaso, porque a pesar de su error y de su incivilidad no ha protegido al inocente ni ha detenido la mano de los criminales".

4. Quienes están a favor de la aprobación, argumentan que la lenidad alienta el delito y la rigurosa represión lo contiene. Sin embargo los hechos siguen demostrando que *la pena de muerte no ejemplariza*. Si así fuese, en los países en los que aún se aplica tan inhumano castigo, no se cometerían crímenes aberrantes. Y eso es lo que precisamente ocurre en numerosos condados de los Estados Unidos en donde aún existe la pena capital. Nada ha demostrado allí que los altos índices de crímenes violentos hayan disminuido. En caso de que se oficializara su aplicación en nuestro país, los sicarios y los terroristas serían los primeros candidatos para el máximo castigo. Se trata de seres que, en su mayoría, no tienen esperanzas de llegar a la vejez y generalmente tienden a creer que morirán antes de llegar a los treinta años. A criminales de esta calaña

no se les intimida con la pena de muerte; para ellos, la vida carece de sentido. Además, en la mayor parte de los países en donde se aplica, la pena de muerte está proscrita para menores de dieciocho años. Al aprobarse su aplicación en nuestro país, seguramente se seguiría respetando este principio humanitario, pero también es muy probable que la delincuencia organizada contrataría sicarios menores de edad —tal como ya lo está haciendo— para la realización de sus actos vandálicos. Y para estos jóvenes no habría la posibilidad de sentenciarlos a muerte.

5. *Nuestro sistema judicial, al igual que muchos países, con mejor infraestructura jurídica, es propenso a cometer errores*. En muchas ocasiones se ha logrado comprobar con el correr del tiempo lo injusto que se fue al haber castigado a un inocente por fallas en la investigación. Un caso mundialmente famoso ilustra esta injusticia; nos referimos al caso conocido como el de "los seis de Birminham". Una corte de justicia londinense condenó a cadena perpetua a seis irlandeses, sospechosos miembros del IRA, de haber hecho explotar una bomba en un pub de Birminham ocasionando la muerte de veintiuna personas en 1974. Sólo a comienzos de 1991 la justicia inglesa reconoció su error, luego de minuciosas investigaciones.

6. Durante dieciséis años, tres meses y veintiún días que los condenados estuvieron en prisión sufrieron diversos tipos de tortura. El caso de los "seis de Birminham" no es la única equivocación de la justicia británica. Hasta la fecha aún no se ha dado con los verdaderos responsables. ¿Qué posibilidad para enmendar el error hubieran tenido los jueces ingleses si a los sospechosos se les hubiese condenado a muerte? Si en países con un sólido sistema criminalístico y judicial ocurren estos hechos, ¿qué cosas peores no sucederían en el nuestro, que carece de una moderna y eficaz infraestructura criminalística para garantizar que no haya lugar a la impunidad, pero tampoco a condenar erradamente a un imputado?

7. Los brutales métodos empleados en las ejecuciones evidencian un espíritu de venganza. Parece que el objetivo de la pena de muerte no es que se cometan menos asesinatos, sino que la sociedad se sienta vengada. Pero, aunque suene irónico, *con la pena de muerte no hay proporcionalidad entre el daño causado y la reacción del Estado*. Un problema que tienen que enfrentar los jueces tiene que ver con que hay ocasiones en las que la misma naturaleza de los hechos dificulta establecer la proporcionalidad de la pena. Así sucede, por ejemplo, con los delitos contra la salud y el medio ambiente, contra la especulación, la captación ilegal de ahorros, el enriquecimiento ilícito y los delitos políticos en general. Por eso los ordenamientos penales no prescriben que, por ejemplo, se queme la casa de quien provocó premeditadamente un incendio con propósitos criminales, ni que se viole al violador. La vieja consigna "ojo por ojo, diente por diente", no es apropiada para nuestros tiempos. No se trata de una actitud de cobarde tolerancia, sino que los asociados han comprendido que es necesario sobreponer toda una gama de valores por encima de quien se condena. Que el

Estado responda retaliativamente a los actos perversos de los criminales es una conducta repudiable.

8. *La pena de muerte se justificaría si con ella se extirparan las verdaderas causas de la criminalidad*. Pero mientras existan aberrantes injusticias sociales como la desigualdad ante la justicia, la tenencia de la tierra en unas manos que ni la trabaja ni la facilita para que el campesino la cultive; mientras exista desidia gubernamental y política para resolver las necesidades primarias de educación, vivienda, salud, trabajo y justicia, no es justo que se legalice un castigo tan drástico. Con esta pena sólo se logra amenazar al potencial delincuente, pero eso no soluciona la causa de los problemas causantes de violencia.

9. No es un secreto que en nuestro país el peso de la ley casi siempre recae sobre la clase desprotegida, y casi nunca sobre los estratos privilegiados. Numerosos peculados, sobornos, contrabandos técnicos y toda una variedad de conductas delictivas que cometen principalmente miembros de la clase social privilegiada se quedan sin castigo. Mientras miles de delincuentes de cuello blanco permanecen libres en las calles, enriqueciéndose con la complacencia de las autoridades y del gobierno, las cárceles se convierten en hacinamientos para desarraigados sociales, sin poder económico ni influencias políticas para presionar al sistema o a un juez para que los declare inocentes. "Es un mito el que la justicia penal impone por igual su apocalíptico castigo a todos los asociados. Ello es falso; la justicia, al menos en nuestro medio, es para 'los de ruana', ha dicho el ex magistrado Rodolfo Mantilla Jácome en su ponencia "Acerca de la pena de muerte" (revista *Nuevo Foro Penal*, No. 44, junio de 1989).

10. Definitivamente, la pena de muerte es un cruel castigo que embrutece a quien lo aplica, pues se coloca en el mismo plano de quienes han cometido premeditadamente algún asesinato. Si el derecho a la vida es el principal derecho fundamental, el suprimirla intencionalmente es la máxima violación que comete una persona, y si es el mismo Estado quien oficializa el asesinato, se agrava mucho más la intensidad de esa violación. *Cuando una ley no surte el efecto para el cual es creada, lo mejor es no aprobarla.*

Como bien puede apreciarse, cada entimema se integró al ensayo anterior como idea central de cada uno de los argumentos con que se sustenta la tesis en contra de la consagración de la pena de muerte en nuestra Constitución. Para ello fue necesario superar los esquemáticos criterios de la argumentación lógico-formal y recurrir, en cambio, a una argumentación retórico-discursiva. Para tal efecto, se apeló a las siguientes consideraciones de orden retórico:

• La argumentación, como un todo, se organizó en diez párrafos, distribuidos así: uno de introducción, en el que se citan los antecedentes del problema; ocho de desarrollo, en cada uno de los cuales se sustenta un argumento diferente a favor de la tesis; y uno de finalización, en el que se expresa una conclusión acerca de lo discutido. La estructura de cada párrafo argumentativo, como es fácil observar, es bien diferente de la que exhibirían esos mismos argumentos en forma de silogismos o de entimemas.

- En el párrafo de introducción se destacan cinco aspectos: 1) los antecedentes del problema acerca de la pena de muerte, 2) la tesis que se va a refutar, 3) la tesis que se va a defender, 4) el tono o actitud que va a predominar en el ensayo —de censura y rechazo—, y 5) las operaciones de pensamiento crítico que se van a utilizar en la sustentación —contraste, casos ilustrativos, análisis y razones múltiples, predicción de consecuencias.

- Cada entimema se desarrolla en párrafo diferente (en el texto aparecen en cursiva) mediante el agregado de nuevas premisas. En el párrafo 9 no aparece expreso el entimema porque resulta demasiado obvio ante el aporte de las premisas que lo sustentaron; para el lector no es difícil inferir que "un país en el que no hay igualdad en la aplicación de la ley, no ofrece garantías para la implantación de la pena de muerte". Por otro lado, para que el párrafo 5 no resultara demasiado recargado de información, su desarrollo se continuó en el párrafo 6. De modo que la idea central de este párrafo es la misma de áquel.

- Para proporcionarle variedad a la estructura de los párrafos, el entimema que expresa la idea central de cada argumento fue ubicado en lugares diferentes: en algunos casos aparece hacia el comienzo, y en otros hacia la mitad o hacia el final.

- Los argumentos se organizaron siguiendo un orden ascendente, es decir, se comenzó con el argumento más débil y luego se continuó con los más sólidos.

- Las nuevas premisas expresan evidencias y detalles ilustrativos que hacen más concretos y específicos los argumentos —ver, por ejemplo, párrafos 5 y 6 en los que se citan hechos concretos como los referidos al caso de los "seis de Birminham"—. Para darle, además, mayor fuerza a los argumentos, aparecen premisas en las que se citan las opiniones de autoridades en la materia. Tal es el caso de las referencias al ex gobernador de California, Edmund Brown, (párrafo 3), cuya experiencia con las ejecuciones lo convierten en una autoridad en la materia, y la cita del ex magistrado Rodolfo Mantilla Jácome (párrafo 9) cuya experiencia como magistrado garantiza que es una persona muy conocedora del tema.

- Se introdujeron dos nuevos argumentos (párrafos 8 y 9), lo cual es normal al momento de escribir. Del mismo modo como en el proceso de escritura se eliminan ideas que al comienzo formaban parte del primer borrador —porque atentaban contra su unidad— es normal que se incorporen nuevas ideas a partir de las asociaciones que el cerebro realiza entre las ideas expuestas y otras que se relacionan con ellas. Todo esto, en aras de lograr una mejor sustentación.

• Para demostrar conocimiento del tema, la fuente de argumentación cita puntos de vista que defiende la oposición (párrafos 1, 3, y 4), pero después los refuta oponiéndoles otras formas de ver el problema.

Con el anterior ensayo sobre la pena de muerte hemos intentado mostrar que escribir textos argumentativos —y académicos en general— es más un proceso cognitivo y retórico que un proceso lógico-formal. Lo cognitivo tiene que ver con las operaciones de pensamiento crítico que se deben realizar durante el proceso de escribir, tales como identificar un problema, comprenderlo, poder definirlo, proponer soluciones, comparar, contrastar, analizar, evaluar, sintetizar, establecer relaciones de causa, señalar concecuencias, etc. Lo retórico tiene que ver con las decisiones conscientes que toman los escritores durante el proceso de escribir, como organizar ideas, ubicarlas en el lugar que produzcan mayor impacto, seleccionar las estrategias más adecuadas para tal fin, determinar los efectos que se pretende lograr en el lector, decidir sobre la extensión y combinación de oraciones y párrafos. Son igualmente pertinentes con la retórica del texto: su unidad, coherencia, cohesión, concisión, precisión y elegancia.

Aprender a escribir es a la vez aprender a pensar crítica y creativamente. Dicho de otro modo, desarrollamos mejor nuestra capacidad para pensar críticamente a medida que aprendemos a escribir textos académicos (ensayos, informes, reseñas o monografías). Infortunadamente, nuestros sistemas educativos no incluyen en su currículo, ni en el desarrollo de todas las asignaturas, suficientes actividades en las que el alumno tenga que leer críticamente y escribir con mucha frecuencia textos académicos —especialmente ensayos— sobre diversos temas. En algunos casos, porque el profesor no ha recibido un entrenamiento apropiado para realizar esta actividad, y en el peor de los casos no ha comprendido aún la importancia de la escritura para el desarrollo de operaciones de pensamiento crítico.

No podemos desconocer que la lógica desempeña un papel importante en muchos argumentos, especialmente en ciencias demostrativas como las matemáticas, la geometría, la física, y la química. Pero resulta igualmente inadecuada para manejar sistemas humanos que impliquen valores y conductas humanas en general.

> El mundo no es lógico, es desordenado, incompleto y, con frecuencia, ambiguo... El lenguaje de la lógica se circunscribe al "sí" y al "no", el de la lógica difusa [el de la argumentación] al del "quizá", al "tal vez" [a lo probable]. La lógica tradicional es lineal: A es seguido de B, que va segui-

do de C, y así hasta llegar a una conclusión. Los sistemas [las argumentaciones] no son lineales, es decir, el todo es cualitativamente (O' Connor y McDermont, 1988: 123)

En conclusión, para abordar el estudio de la argumentación discursiva en todas sus formas es necesario superar el modelo lógico-formal por insuficiente y reduccionista, y considerar, en cambio, un enfoque más acorde con las argumentaciones ordinarias, el cual recibe nombres como "lógica informal", "lógica de la argumentación discursiva", "nueva retórica" o simplemente "teoría de la argumentación".

# 6
# El ensayo argumentativo

## Propósito

Todo texto se escribe con un determinado propósito comunicativo. Denominamos textos argumentativos a aquellos cuyo principal propósito es convencer al lector para que acepte o comparta determinados puntos de vista. En tal sentido, son de carácter argumentativo los editoriales de periódicos y revistas; los artículos periodísticos de opinión; las cartas de lectores que publica un periódico, en las que sus autores defienden alguna opinión o refutan algún planteamiento publicado en algún medio de comunicación; las providencias y sentencias judiciales, los sermones y la mayor parte de los ensayos. Los procedimientos argumentativos utilizados en todos estos textos son prácticamente los mismos, las diferencias entre ellos son meramente de carácter formal, de estructura, de organización.

Confesarse, justificarse, intentar convencer o persuadir, explicar, evaluar, sugerir, son necesidades que obligan a escribir al ensayista. El autor de un ensayo puede abordar cualquier tema, sin pretender agotarlo, desde su modo particular de valorar las cosas, de su experiencia, sus reflexiones, sus lecturas, su patrimonio cultural y de la influencia recibida de otras personas.

Según su propósito, organización y estructura, los ensayos pueden ser expositivos, narrativos, descriptivos, argumentativos o una combinación de todas estas modalidades. Para muchos críticos el ensayo tiene que ser fundamentalmente argumentativo tanto en su estructura externa como interna. Esta apreciación tal vez tenga que ver con el hecho de concebir los textos escritos como entidades químicamente puras, lo cual es válido como estrategia metodológica únicamente. Pero esto no es más que una ilusión, una pretensión teórica. No se puede desconocer que bajo el ropaje de una narración, descripción o exposición subyace toda una argumentación. De hecho, es muy normal encontrar ensayos en los que se combinan todas estas formas discursivas, como por ejemplo, en una sentencia, en la que se narran hechos, se describen personas, situaciones, objetos, y se argumenta acerca de la culpabilidad o inocencia de un acusado. Esta particularidad del ensayo fue la que motivó al ensayista mexicano Alfonso Reyes a denominarlo "el centauro de todos los géneros".

En el ensayo expositivo se explica algo; su autor se propone ayudar al lector que tuvo en mente a comprender mejor algo que el común de la gente no ha comprendido cabalmente: un nuevo paradigma, una reforma constitucional, los alcances o limitaciones de un nuevo modelo político o económico, un problema científico, cómo funciona algo, etc. En el ensayo descriptivo se desarrolla una impresión general o dominante acerca de algún lugar, persona o situación; por ejemplo, el estado deplorable como funciona un hospital del Estado debido a la desidia e incompetencia de sus directivos y al abandono en el que lo tiene el mismo Gobierno. En el ensayo narrativo, su autor relata alguna vivencia, alguna experiencia de la cual se desprende algo que ilustra una verdad general, una faceta propia de los seres humanos. Y, finalmente, en los ensayos predominantemente argumentativos, tanto en su contenido como en su forma, generalmente se abordan temas que se prestan a la controversia. Se trata de ensayos en los que sus autores defienden puntos de vista que consideran válidos. Su propósito es convencer, lograr una adhesión, justificar una forma de ver los hechos, refutar algunas interpretaciones que no comparte sobre algún hecho, disuadir al lector para que cambie la opinión sobre algún tema.

En el presente trabajo, he centrado mi atención en el ensayo argumentativo, por ser tal vez el tipo de texto que más a menudo tienen que leer y escribir las personas letradas durante toda su vida estudiantil y profesional. Sin embargo, a pesar de las diferencias que se puedan señalar entre este tipo de texto y las otras formas de ensayos, la mayoría de mis conclusiones son igualmente válidas para los ensayos narrativos, descriptivos y expositivos.

Al igual que otras variedades textuales (una carta, una reseña, un obituario, una monografía, un aviso clasificado, un edicto emplazatorio, una providencia, una sentencia, etc.) el ensayo surge de una necesidad, de una situación problemática. Para ser más preciso, el ensayo surge cuando su autor decide ofrecer una interpretación de un hecho o situación y de la relación que éste guarda con otros hechos.

## Hechos, opiniones y conjeturas

De los hechos se dice que son evidentes por sí mismos. Los hechos no se discuten, lo que es motivo de discrepancia son sus interpretaciones. Cuando se suscitan dudas acerca de la veracidad de un hecho, se procura su constatación mediante diversos medios: la experiencia directa, testimonios, evidencias, fotos, estadísticas, gráficas de medición, revistas especializadas, enciclopedias, videos, etc. Los enunciados factuales, o sea aquellos enunciados que expresan hechos, no son objeto de polémica. Una afirmación como "el hombre aún no existía en la faz de la tierra en la época de los dinosaurios", es correcta o incorrecta. Sólo hay lugar para una respuesta, la cual se puede verificar en los textos científicos y en las evidencias científicamente comprobadas sobre el tema. Una vez confirmado el hecho no queda otra salida que aceptarlo.

Los enunciados factuales se reconocen porque al plantearlos en forma de preguntas, generalmente responden a una sola respuesta correcta. Consideremos, por ejemplo, los siguientes casos:

—¿James Joyce ganó un Premio Nobel de literatura?
—¿La revolución francesa tuvo lugar en pleno siglo XIX?
—¿Los americanos pusieron al primer hombre en la luna?
—¿Goethe y Sartre fueron escritores contemporáneos?

Las respuestas que reciban los anteriores interrogantes serán correctas o incorrectas. Las dudas se despejarán consultando las fuentes apropiadas.

Pero hay enunciados que, aun cuando para muchas personas puedan tener una sola respuesta al ser formulados como preguntas, no se pueden considerar como factuales ya que no hay forma de constatar cuál sería la respuesta correcta. Tal es el caso de enunciados como:

—Barranquilla debería tener un solo equipo de fútbol profesional y no dos como ha pretendido.
—García Márquez es el mejor escritor que ha dado la literatura de habla hispana.
—Las mujeres son más intuitivas que los hombres.
—Al presidente Bill Clinton no se le debería destituir por no haber confesado en primera instancia sus relaciones sexuales con la señora Mónica Lewinsky.
—La pena de muerte debería consagrarse en nuestra Constitución.

Los enunciados anteriores no expresan hechos sino opiniones. Las opiniones son enunciados que expresan creencias, formas de interpretar los hechos. Dicho en otras palabras, las opiniones son juicios personales que expresan lo que creemos o sentimos como verdadero acerca de un hecho o situación. Los hechos por lo general no se discuten, las opiniones sí. Una opinión como: "la pena de muerte debería consagrarse en nuestra Constitución" puede ser compartida o refutada total o parcialmente por mucha gente. Al reformular esa opinión en forma de pregunta, "¿Se debería legalizar la pena de muerte en nuestra Constitución?", podrían resultar diversas respuestas a favor y en contra. Veamos algunas:

—Totalmente de acuerdo.
—Totalmente en desacuerdo.
—Sí. Para crímenes como el terrorismo, violaciones y secuestros.
—No. Porque en nuestro país la justicia sólo se aplica con rigor a los desarraigados.
—No. Porque la pena de muerte no resuelve las causas de la criminalidad.
—Sí. Pero solamente para delitos contra la administración pública.
—Sí. Muchos de los detractores de la pena de muerte asumen posiciones abolicionistas a expensas de la tragedia de otros.
—Sí, porque nuestro sistema carcelario ni rehabilita ni socializa a los asesinos.
—Depende de cómo se aplique.

Pero, como puede apreciarse, las opiniones no son evidentes por sí mismas, por eso es necesario sustentarlas, si el propósito es que sean aceptadas o compartidas por otras personas.

Con el propósito de sustentar sus argumentos, con frecuencia muchas personas recurren a conjeturas como si fuesen opiniones. Pero mientras las opiniones se pueden sustentar con evidencias, las conjeturas no. Una conjetura es una creencia o suposición acerca de cómo opera o debería operar algún aspecto de la realidad material, social o psíquica sin poder ofrecer evidencias que la respalden.

El problema de recurrir a conjeturas como parte de las premisas de un argumento es precisamente que su autor parte de la base de que la veracidad de su aserción ha sido previamente aceptada por las personas razonables, cuando en verdad no puede ofrecer hechos que comprueben esa posibilidad. Lo que muchas veces creemos que son nuestras opiniones, en verdad no son más que conjeturas, suposiciones que nos inculcaron desde la infancia y que desde entonces manejamos en forma acrítica para interpretar algún aspecto de la realidad. En tal sentido, son conjeturas, por ejemplo: "Colombia es un país subdesarrollado porque fue conquistado y colonizado por españoles y no por los ingleses, como sucedió con Estados Unidos", "Cuando el Estado colombiano financie totalmente las campañas políticas, desaparecerán los políticos corruptos".

Antes de aceptar argumentos, un pensador crítico identifica y examina cuidadosamente las conjeturas que explícita o implícitamente lo sustentan. Muchas premisas que fueron aceptadas como verdades científicas en su momento, en verdad no eran más que conjeturas acerca de la forma como funciona el mundo. Cuando un argumento se sustenta con conjeturas resulta poco convincente, carente de veracidad, falaz, aun cuando luzca formalmente lógico. Cuando nos acostumbramos a identificar y examinar conjeturas incrementamos nuestra capacidad crítica para evaluar y producir mejores argumentos.

## La tesis de un ensayo

Todo texto argumentativo, sin importar su extensión, se estructura alrededor de una *tesis*. Así se llama al contenido proposicional expreso o implícito que resume de la misma manera el propósito central de todo el texto. En un ensayo se denomina tesis al enunciado —expreso o implícito— que mejor resume el punto de vista o la interpretación que ofrece un escritor acerca de un hecho o situación. La tesis se puede expresar en alguna de las oraciones del ensayo: hacia el comienzo, hacia la mitad o hacia el final. A quienes escriben sus primeros ensayos se les recomienda que ubiquen su tesis hacia el final de la introducción.

Cualquiera que sea el lugar donde se ubique, se recomienda que la tesis se exprese en una oración completa, de tal modo que si se aislara del texto seguiría expresando un sentido, independientemente del contexto de donde fue aislada. Por esa razón, la tesis debe redactarse en términos de un tema (aquello de lo cual se ofrece una información) y un comentario (lo que se afirma o niega acerca del tema) que se organiza alrededor de un verbo rector debidamente conjugado. No está demás recordar que la forma verbal utilizada debe expresarse con mucha precisión y espicificidad para evitar vaguedad en lo que va a ser la idea central de todo el texto. En este sentido, no puede aceptarse como tesis de un ensayo un fragmento oracional como: "la justificación de la pena de muerte en distintas regiones", porque expresada así, es un verbo rector, resulta vaga, no expresa una actitud o una pocisión sobre el polémico castigo. En cambio, el mismo tópico podría servir de base para la tesis de un ensayo si se expresara, por ejemplo, en estos términos: "La legitimidad de la pena de muerte ha sido justificada y legislada en casi todas las civilizaciones y religiones, desde la antigua Grecia hasta los modernos Estados Unidos" (Emilio Silva de Castro, "Legitimidad de la pena de muerte").

El tema de la tesis anterior es "la legitimidad de la pena de muerte"; el comentario es "ha sido justificada y legislada en casi todas las civilizaciones y religiones, desde la antigua Grecia hasta los modernos Estados Unidos", y la forma verbal rectora es "ha sido justificada y legislada".

En algunas ocasiones, la tesis aparece repartida en dos oraciones; en otras, aparece implícita, es decir, no hay una oración específica del texto que cumpla con esa función y por tanto el lector tiene la tarea de inferirla con sus propias palabras a partir de los datos que se le presentan en las oraciones más importantes. Pero cualquiera que sea el caso, todo ensayo se organiza alrededor de una tesis. El reto que se impone todo ensayista es que su tesis pueda ser identificada por el lector con la misma intención con que se propuso comunicarla.

Una idea que debe quedar bien clara es que la tesis de un ensayo generalmente expresa un punto de vista cuyo autor siente como verdadero, pero ya que se trata de una apreciación subjetiva, ésta puede ser compartida o rechazada total o parcialmente por los lectores.

Pero ninguna tesis, por interesante y justa que parezca, es convincente por sí misma. En consecuencia, un ensayo está conformado por una cadena de argumentos que ponen en evidencia la tesis, que la sustentan razonablemente. A su vez, cada uno de los argumentos tiene una idea central —una tesis secundaria— que igualmente debe ser sustentada mediante razones, evidencias y detalles ilustrativos.

Imaginemos un texto en el que su autor se limite a escribir solamente "las sanciones económicas impuestas por Estados Unidos como estrategia de su política exterior no han sido efectivas", y da por terminado su texto; o que diga esto de pie, ante un auditorio, y seguidamente se siente. Dicho autor no ha expuesto ningún argumento, porque solamente se ha limitado a expresar una opinión sin justificarla; para lograrlo, es requisito que cite una serie de razones, hechos y detalles a las que igualmente podemos llamar premisas. Solamente se tiene un verdadero argumento cuando se exponen razones lógicas a favor de una tesis. En tal sentido, un argumento será más explícito y más convincente en la medida en que tenga un buen número de premisas que lo sustenten razonablemente y que lo pongan en evidencia: a mayor cantidad de evidencias razonables, más completa será la sustentación que hace el autor de la veracidad de sus argumentos.

Ilustremos lo hasta aquí expuesto con un hecho concreto. Una situación con la que están familiarizados los países subdesarrollados tiene que ver con las sanciones económicas que impone Estados Unidos como estrategia de política exterior a países que ponen en peligro sus intereses políticos y económicos. Se trata de un hecho que fácilmente se puede constatar en periódicos y revistas, libros de historia y otros documentos confiables. Esta situación, como bien se sabe, ha generado diversas interpretaciones. A continuación transcribimos un ensayo en el que el periodista Sergio Gómez M. ofrece su apreciación sobre el tema.

*De las sanciones unilaterales a la estrategia de la rama de olivo*

Desde el estallido de la primera Guerra Mundial, Estados Unidos ha utilizado sin contemplación y en más de 115 oportunidades las sanciones económicas como instrumento de persuasión. Sin embargo éstas, una de sus más temidas armas no militares, han comenzado a desactivarse en su contra, e incluso, de la tendencia reciente que indicaba a todas luces que el mecanismo iba *in crescendo* (Estados Unidos usó el arma 61 veces sólo de 1993 a 1996).

Aunque ya diferentes organismos del gobierno estadounidense habían dado directrices al respecto, fue el propio presidente Bill Clinton quien en una entrevista la semana pasada con la cadena CBS le dio vida al rumor: "Estoy desencantado con las sanciones. Creo que EE. UU. las está utilizando en exceso como herramienta de política exterior", dijo Clinton, que sin embargo aclaró que las sanciones podrían ser útiles siempre y cuando sean aplicadas por la comunidad internacional en su conjunto.

Pocos días antes de esta inusual declaración el mandatario dio un firme paso en esta dirección. Tras 20 años de tensas relaciones con el régimen fundamentalista de Irán, Clinton ondeó la bandera de la paz anunciando que había llegado la hora "de la verdadera reconciliación". Atrás parecían quedar dos décadas de un violento embargo económico, las amenazas del terrorismo islámico contra el "Gran Satán" y el resentimiento, que aún vive en el imaginario estadounidense, por la violenta toma de la Embajada de EE. UU. en Teherán en 1979 tras la caída del Sha en la que 52 unidades de este país tuvieron que soportar 444 días como rehenes. Y aunque para muchos analistas es obvio que existe un gran interés por apoyar al moderado y reformista gobierno del presidente Mohamed Jatami, el cambio de método es evidente.

La nueva estrategia bautizada por la última edición de la revista *Time* como "la diplomacia de la rama de olivo" ha traído consigo acciones inmediatas. Clinton decidió hace poco levantar la prohibición de que ciudadanos iraníes pisaran suelo estadounidense y vetó el viernes un proyecto de ley "por contener criterios inflexibles e indiscriminados" que habría impuesto automáticamente sanciones a cualquier gobierno o empresa extranjera que suministrara tecnología militar a Irán.

El caso de Irán no es único. A Cuba, por ejemplo, tras 40 años de embargo y muy a pesar de la ley Helms Burton de 1996 que endurece más las sanciones, el gobierno de EE. UU. decidió aliviarle la carga autorizando vuelos humanitarios a la Habana, restableciendo el envío de remesas desde Estados Unidos a la isla y agilizando los procedimientos burocráticos para la venta y el envío de medicamentos.

En la misma línea está el nuevo enfoque multilateral que este gobierno quiere imprimir al tema de la lucha antidrogas y el acuerdo amistoso con los países europeos que pretendían demandarlo ante la Organización Mundial del Comercio (OMC), si persistía en la intención de sancionar a aquellos países que negociaran con Cuba y Libia.

A tal grado ha llegado la convicción de que hay que cambiar de rumbo, que el propio presidente Bill Clinton nombró recientemente a un grupo de expertos del Departamento de Estado para que reexamine a fondo la política de sanciones internacionales.

Según Stuart Eizenstat, subsecretario de Estado para asuntos económicos y encargado del proyecto, "la administración Clinton es consciente de la necesidad de un cambio en este frente y por lo tanto ha decidido desarrollar una serie de principios y opciones políticas" que se ajusten a la realidad.

EE. UU., de acuerdo con Eizenstat, sólo debería recurrir a las sanciones cuando las otras opciones diplomáticas hayan sido descartadas y buscando siempre apoyo internacional.

En el Congreso el asunto también se está moviendo. Hace dos semanas el senador Dick Lugar presentó un proyecto de ley impulsado por 20 senadores y 50 representantes que de ser aprobado obligaría al Gobierno a realizar un estudio sobre el impacto de las sanciones antes de utilizarlas. Este giro no se produjo de la noche a la mañana. De un tiempo para acá, EE. UU. ha comprendido que su visión unilateral de castigo no tiene un eco positivo en el resto del mundo. Naciones Unidas, la Unión Europea, el grupo de los No Alineados, Organizaciones no Gubernamentales y diversas organizaciones de comercio han rechazado de plano lo que consideran un mecanismo extraterritorial e intervencionista.

Además, es evidente que la estrategia no siempre funciona. 40 años de embargo a Cuba, 20 a Irán y 8 a Irak no han hecho que ni Fidel Castro, ni Sadan Hussein, ni mucho menos la amenaza integrista, cedan un ápice. Por el contrario, parecen haberse robustecido nutriéndose del discurso antiestadounidense. Tampoco funcionó, a pesar de dos descertificaciones consecutivas, para derrocar al presidente Samper.

"En Washington hay un consenso en general de que las sanciones no funcionan y de que Estados Unidos está abusando de ese mecanismo", dijo a *El Tiempo* Dan Griswold, analista del Instituto Cato en Washington. Pero sin duda, lo que más tiene preocupado al gobierno de Estados Unidos es que la aplicación de sanciones económicas a otros países está afectando los bolsillos del tío Sam.

De acuerdo a estudios realizados por prestigiosos organismos estadounidenses, como el Instituto para la Economía Internacional, con sede en Washington, y el Consejo de Exportaciones, que pertenece a la Casa Blanca, en 1995 EE. UU. dejó de percibir entre 15 mil y 19 mil millones de dólares en exportaciones y cedió unos 250 mil trabajos a causa de las sanciones a terceros.

Otro fenómeno adverso corre en contra de Estados Unidos. Mientras éste se dedica a sancionar, sus competidores europeos o asiáticos se aprovechan de la situación. En el caso de Cuba, por ejemplo, el bloqueo comercial de EE. UU. le ha permitido a países como Bélgica, Canadá, Francia, Alemania, Irlanda, Italia, México, Holanda y España aumentar su comercio con la isla. Lo mismo ha sucedido con China, donde Australia, Canadá y Alemania han entrado con agresividad, dejando a los estadounidenses en desventaja comercial.

En las sanciones por narcotráfico también hay ejemplos. Un memorando del Departamento de Estado al referirse a la primera descertificación de Colombia en 1996, decía que la suspensión de créditos y garantías del Banco de Exportación-Importación (EXIM), Corporaciones Privadas (OPIC) ambas incluidas en el menú de sanciones obligatorias de la descertificación costaron a las empresas de EE. UU. unos 875 millones de dólares en contratos que terminaron en manos de competidores extranjeros.

Para el gobierno Clinton es claro que bajo la coyuntura actual no queda más remedio que entrar en la onda de las sanciones multilaterales y dejar a un lado, con el sello de "úsese en caso de emergencia", las medidas unilaterales. Y que en cualquier caso es mejor imponer sanciones a líderes o políticos indeseables que a toda la población de un país.

Sin embargo, una cosa es la que piensa Clinton y otra la mayoría republicana en el Congreso que opina que hoy más que nunca es necesario el *Big Stick* (Gran Garrote) de Teddy Roosevelt como estrategia para afianzar la condición de única potencia del mundo. La disputa apenas comienza, pero la Casa Blanca no parece estar dispuesta a doblegarse fácilmente; así lo demuestra el acercamiento con el "odiado" Irán y la actual visita de Clinton a China.

Sergio Gómez Maseri. *El Tiempo*, 28 de junio de 1998.

El propósito del texto de Gómez Maseri es bien claro: mostrar que las sanciones económicas impuestas por Estados Unidos a otros países no le convienen política ni económicamente. La introducción del ensayo comienza refiriéndose brevemente a los antecedentes del problema, y después insinúa la tesis, pero para que resulte más explícita, podríamos reconstruirla en estos términos:

Las sanciones económicas impuestas por Estados Unidos como herramienta coercitiva de política exterior son un mecanismo equivocado que no ha producido los efectos esperados y que, por el contrario, le está ocasionando millonarias pérdidas económicas.

La tesis de un ensayo expresa una generalización que usualmente resume una serie de detalles o hechos ilustrativos, los cuales tienen como función hacer más específicas las generalidades y más concretas las abstracciones. Al citar casos ilustrativos específicos y concretos se visualiza mejor algo que se ha abstraído de la realidad.

Pero una argumentación no debe limitarse a reseñar una lista de casos ilustrativos, sino que, además, debe mostrar la relación y el grado de coherencia que se establece entre ellos. Los argumentos que sustentan la tesis de Gómez Maseri se basan fundamentalmente en una cuidadosa selección de casos ilustrativos, en el prestigio *(ethos)* de algunas autoridades en el tema y en sus opiniones. La siguiente sinopsis oracional sintetiza su argumentación:

Tesis: las sanciones económicas impuestas por Estados Unidos como herramienta coercitiva de política exterior son un mecanismo equivocado que no ha producido los efectos esperados y que le está ocasionando millonarias pérdidas económicas.

Sustentación:

A. Casos ilustrativos:

—El mismo presidente Bill Clinton está desencantado con la aplicación de las sanciones.

—Bill Clinton desea una reconciliación con Irán tras veinte años de tensas relaciones.

—Tras cuarenta años de embargo, el gobierno de Estados Unidos decidió autorizar vuelos humanitarios a Cuba.

—Cuarenta años de embargo a Cuba, veinte a Irán y ocho a Irak no han dado resultados.

—Por pretender sancionar a países que negocien con Cuba, la Organización Mundial del Comercio (OMC) ha comenzado a presionar a Estados Unidos para que modifique su conducta.

—Bill Clinton nombró a un grupo de expertos del Departamento de Estado para que examine a fondo la política de sanciones internacionales.

—En el Congreso el senador Dick Lugar presentó un proyecto de ley impulsado por veinte senadores y cincuenta representantes para que revisen su política de sanciones.

—La competencia asiática y europea se está aprovechando de la situación dejando en desventaja a Estados Unidos.

—La descertificación de Colombia en 1996 le costó a Estados Unidos unos 875 millones de dólares en contratos.

—Numerosos organismos estadounidenses e internacionales no están de acuerdo con las sanciones: Instituto Cato en Washington, Instituto para la Economía Internacional con sede en Washington, Consejo de Exportaciones adscrito a la Casa Blanca, las Naciones Unidas, la Unión Europea, el Grupo de los no Alineados, diversas ONG.

—Los acercamientos de Estados Unidos con China.

B. Opiniones:

—Estados Unidos ha comprendido que su política de sanciones no tiene eco positivo en el resto del mundo.

—La aplicación de sanciones afecta el bolsillo del Tío Sam.

—Sólo debería imponerse sanciones a líderes o políticos indeseables y no a todo un país.

—A pesar de que la mayoría republicana del congreso apoya la estrategia del *Big Stick* (gran garrote) de Teddy Roosevelt, la Casa Blanca no parece dispuesta a doblegarse fácilmente en su empeño por revisar su política de sanciones.

—La aplicación de sanciones unilaterales por parte de Estados Unidos ha sido un fracaso.

El ensayo de Gómez Maseri es de carácter argumentativo por las siguientes razones:

• El propósito del autor es convencer al mayor número de lectores razonables y competentes, que podrían estar predispuestos negativamente contra su manera particular de apreciar las sanciones económicas que aplica Estados Unidos como estrategia de política exterior, e intentar, además, acrecentar la adhesión de quienes comparten sus opiniones sobre este hecho. El escritor espera que quienes lean su texto adhieran a su manera de interpretar el hecho de las sanciones económicas.

• La tesis del ensayo expresa una opinión que evalúa una serie de situaciones que rodean un hecho: las sanciones unilaterales que impone Estados Unidos para presionar a otros países con el fin de que se acomoden a sus intereses de política exterior.

• Los argumentos que expone el autor, aunque compartidos por millones de personas, no gozan de aceptación universal. Es muy seguro que otros millones de personas vean los hechos desde otra perspectiva. Se trata, pues, de un texto en el que se ofrece no *la* interpretación del problema, sino *una* interpretación del problema. En eso radica el carácter subjetivo que siempre se le ha reconocido al ensayo.

Una argumentación no puede ser constrictiva. Mientras quienes argumenten sean seres humanos siempre habrá motivos de discrepancia. Si todos los argumentos fuesen contundentes no tendría sentido discutirlos, ya que desaparecerían las condiciones que caracterizan a la argumentación. Por ello, la tesis de una argumentación resulta mucho más interesante y original mientras suscite otra que se le oponga razonablemente.

He aquí, por ejemplo, una lista de tesis que comparten muchas personas, pero que no son aceptadas por otras:

—La legalización de la marihuana sería un lamentable retroceso en la lucha contra las drogas.
—La legalización del consumo y venta de marihuana resolvería el problema que genera el narcotráfico.
—No se deberían admitir *gays* en las Fuerzas Armadas ni en el magisterio.
—La práctica de la eutanasia es un derecho a morir con dignidad que se debería consagrar en la Constitución.
—Existen razones muy poderosas para que se haya eliminado de nuestro sistema judicial el jurado de conciencia.
—Las pruebas del ICFES se han convertido en un instrumento del Estado para evitar que los jóvenes pobres, egresados de colegios públicos, puedan ingresar a las universidades oficiales.
—La política de sometimiento a la justicia mediante delaciones y confesiones de delitos genera impunidad privilegiada.

Como la tesis es la idea central que va a controlar la dirección de todo el ensayo, la oración que la exprese debe ser la más significativa, la más completa, la que mejor sintetice todo el texto. Una o dos oraciones son suficientes para tal fin. Las posiciones más enfáticas para una tesis son al final de la introducción o al comienzo del párrafo final. Pero esto no debe tomarse como una regla de riguroso acatamiento, pues la tesis puede aparecer ubicada en otras posiciones. No se puede desconocer, además, el hecho de que en numerosos ensayos la tesis ni siquiera aparece expresa, pero ella está allí, implícita en su estructura interna, para que el lector la infiera con sus propias palabras.

Cuando la tesis aparece expresa al final de la introducción del ensayo se obtienen cuatro beneficios:

• El escritor corre menos riesgos de salirse del tema, porque allí está permanentemente, a manera de faro, la oración que va a orientar al resto de las ideas. De este modo, el escritor cuenta con un punto de referencia, con una herramienta de auto-control para que su texto tenga unidad.

• El lector sabe desde el comienzo sobre qué va a leer y cuál es la posición que el escritor va a asumir ante el tema. Esta estrategia retórica tiene como propósito despertar el interés y la curiosidad del lector por conocer las razones que tiene el escritor a favor de su tesis.

• El escritor sugiere el tono o la actitud con que el escritor va a abordar el tema. En tal sentido, el tono de un ensayo puede ser de carácter humorístico, irónico, dramático, didáctico, solemne, irreverente, de censura, de preocupación, etc. La actitud del escritor es un reflejo de su posición ideológica, filosófica, política, ética, religiosa, etc. ante el tema que aborda. Para enfatizar su actitud ante el tema, con frecuencia los escritores utilizan en sus tesis términos con los que expresan una valoración: censurable, inmoral, admirable, preocupante, inadecuado, correcto, impropio, justificada, injustificada, plausible, vergonzoso, etc. En las siguientes tesis aparecen en cursiva los términos que delatan la actitud de sus autores:

—El sistema penal juega *peligrosamente* con el concepto *grave* y *complejo* que nadie domina como es la culpabilidad (Louk Hulsman. Tono de preocupación, de censura).

—Ninguna institución del derecho penal cumple *mejor función encubridora* que la culpabilidad (Jorge Arenas. Tono irónico).

—El sistema penal es un *mal social*: daña y no resuelve problemas (Álvaro Pérez P. Tono de censura).

—Los prohibicionistas se transforman en *bárbaros* al pretender someter a los otros hombres a su moral *intolerante* (tono de censura).

• Expuesta al principio, la tesis sugiere, además, el tipo de operación de pensamiento y la organización que va a predominar en su desarrollo. Son operaciones de pensamiento: definir, comparar, contrastar, clasificar, sintetizar, analizar, ilustrar, inferir, implicar, establecer analogías y relaciones causales, predecir consecuencias, formular hipótesis, etc. Veamos algunos ejemplos:

—Colombia ha demostrado con hechos estar más dispuesta que Estados Unidos a acabar con los problemas que genera el narcotráfico (el desarrollo exige contrastar la actitud de ambos países ante el problema de las drogas, y citar, además, una serie de casos ilustrativos).

—Existe una relación directa entre violencia y represión, de suerte que un sistema muy represivo produce violencia en medio de la sociedad en la cual se aplica (el desarrollo exige explicar en qué consiste la relación de causa y efecto existente entre violencia y represión, y citar, además, casos ilustrativos).

—El embargo económico de Estados Unidos a Cuba ha sido una estupidez política que le ha permitido a Fidel Castro convertirla en un eficaz instrumento aglutinante antinorteamericano, y en una excusa para ocultar los incontables errores de su régimen (el desarrollo de esta tesis exige analizar, implicar, establecer relaciones de causa—resultado, señalar casos ilustrativos y, además, citar una serie de razones múltiples).

Cuanto más general es una tesis, es más susceptible de ser impugnada en determinados casos excepcionales. Por ello, previendo esta situación, quien argumenta tiene que condicionar en muchas situaciones el alcance de la validez de su tesis mediante el uso de conectivos restrictivos como: *salvo, a no ser que, a menos que,* y otros con similares significados. Este fenómeno se puede apreciar en los siguientes ejemplos:

—*Salvo algunas excepciones*, la apertura económica arruinará al pequeño y al mediano comerciante.
—El jurado de conciencia no es aconsejable en nuestro sistema penal, *a menos que* esté conformado por abogados penalistas.
—*A no ser que* estén completamente seguros de que el paciente terminal se repondrá satisfactoriamente de su gravedad, los médicos no deberían prolongar inútilmente los sufrimientos y la vida de un paciente convirtiendo la muerte en un acto desagradable y humillante.

La tesis de un ensayo no pretende la constatación de un hecho, sino su interpretación. De ahí que los enunciados factuales —los que expresan hechos— no ofrezcan interés como tesis ya que no expresan puntos de vista, sino confirmaciones sobre hechos que nadie se tomaría el trabajo de refutar. Tal es el caso de enunciados como

—El excesivo consumo de alcohol produce graves consecuencias en el organismo.
—El petróleo que se derrama en los ríos y en los mares ocasiona irreparables daños al ecosistema.
—Hacer ejercicios es bueno para la salud.

Los temas de los enunciados anteriores sólo resultarían interesantes como tesis si estuvieran orientados a refutar esas creencias compartidas universalmente, por ejemplo,

—Hacer ejercicios es perjudicial para la salud.
—Contrario a lo que muchas personas piensan, los derrames de petróleo en mares y ríos no ocasionan daños al ecosistema.

## *Tipos de tesis*

Según su propósito, las tesis se pueden clasificar en cuatro grandes grupos:

*Tesis que evalúan*

Se trata de tesis que expresan una valoración, una actitud positiva o negativa acerca de algo. Ejemplos:

—Una de las razones que contribuyen a aclarar la crisis del cuento en Colombia es su precariedad estética (R.H. Moreno D., "El cuento de nunca acabar").
—Cuando Maupassant y Chejov intentaron la novela o el *récit* resultaron mucho menos ricos y convincentes que en el cuento (Alberto Moravia, "El cuento y la novela").

—Un análisis de la violencia juvenil no puede encararse solamente con un criterio reduccionista de lo económico (Fernando Tocora, "Las drogas: narcocracia y legalización").

*Tesis que explican*

Se trata de tesis en las que se explica por qué ocurrió algo, por qué algo es como es, o lo que significa. Ejemplos:

—La brevedad del cuento y su aparente simplicidad, que lo hacen tan atractivo para los aprendices, son también su perdición (Margarita Valencia, "Atracción y perdición").

—Toda buena novela dice la verdad y toda mala novela miente. (Mario Vargas Llosa, "La verdad de las mentiras").

—Libertad y progreso, libertad y poder, libertad y estabilidad, libertad y justicia, libertad y gobernabilidad son valores contrapuestos.

*Tesis que presagian resultados*

Se trata de tesis en las que se predice determinado resultado como consecuencia de algo que para el escritor resulta lógico. Ejemplos:

—La política criminal adoptada por la Fiscalía General de la Nación, encaminada a controlar la labor de los fiscales y unidades de Fiscalía, va a ocasionar protuberantes fallas en la justicia (Mariela Vargas P.)

—Mientras haya demanda para los mercados de la cocaína, cualquier esfuerzo del gobierno para combatir el negocio ilícito del narcotráfico será una pérdida de tiempo, de dinero y de vidas.

*Tesis que sugieren*

En este tipo de tesis se expresan opiniones con las que se sugiere o se previene una determinada actitud o forma de acción. Ejemplos:

—La salud, la educación, el empleo y las condiciones para el desarrollo de un país sólo son posibles si el gobierno del Estado entiende que alcanzar la paz debe ser la tarea primordial.

—El aborto debería ser legalizado solamente para casos de violaciones.

—Antes de contraer matrimonio, las parejas deberían vivir juntas algún tiempo para conocerse mejor.

—La reelección presidencial para un segundo período sería un instrumento peligroso en manos de nuestra clase política.

No todas las convicciones pueden utilizarse como tesis de una argumentación. Una aserción sólo es válida como tesis cuando se pueda sustentar racionalmente. Al momento de seleccionar una tesis para una argumentación, vale la pena tener en cuenta las siguientes consideraciones:

• Los enunciados que expresan preferencias personales no son apropiados como tesis para una argumentación. Por ejemplo, afirmaciones como:

—Las mujeres rubias son más hermosas que las trigueñas.
—El pescado es mucho más delicioso que la gallina.
—La música salsa es más agradable que la música vallenata.

No son adecuadas como tesis porque no se pueden sustentar razonablemente. Todas las personas tienen sus propias preferencias sobre modas, mujeres, comidas, cine, literatura, etc. Si a una persona le gustan las ostras y a otra no, no se puede concluir que uno de los dos está equivocado. Intentar persuadir a alguien para que cambie sus preferencias personales es perder el tiempo.

• La tesis de un argumento debe ser significativa, clara y específica. Las tesis demasiado generales son muy fáciles de refutar. Una opinión como:

—El Gobierno ha puesto en práctica algunas políticas que están dando resultados desastrosos.

es demasiado vaga como tesis de una argumentación; en cambio, expresada en estos términos:

—La apertura económica constituye un rotundo fracaso para la agricultura colombiana, en particular para el pequeño y mediano empresario del campo.

resulta mucho más concreta, y por lo tanto se puede sustentar con detalles y razones específicas.

• Las opiniones se caracterizan por no ser constrictivas. Las opiniones más interesantes son las que, a pesar de lo bien que se sustenten, generan polémica. En tal sentido, muchas opiniones resultan poco llamativas como tesis de una argumentación cuando gozan de tanta aceptación que entran a formar parte de la categoría de hechos que nadie razonable se esforzaría en refutar. Por esta razón las siguientes aserciones ya no impactan como tesis de un argumento:

—La mayor responsabilidad de los padres es velar por la educación de sus hijos.
—Los pueblos deberían elegir democráticamente a sus gobernantes.
—La tala indiscriminada de bosques destruye el ecosistema.

• Son igualmente inapropiados como tesis los juicios que expresan presentimientos o corazonadas, ya que no se pueden sustentar razonablemente. "Hoy gana nuestra selección, porque así ocurre siempre que juega con el uniforme color naranja", es una opinión que expresó un narrador de fútbol, antes de comenzar un partido de las eliminatorias a un campeonato mundial, que no se puede sustentar razonablemente. Cosa similar ocurre cuando se expresan afirmaciones que se apoyan en intuiciones o en lo que las mujeres denominan un "sexto sentido".

# 7

# Organización retórica de un ensayo argumentativo

Desde sus inicios, la retórica estuvo preocupada por la organización más apropiada del discurso para lograr un efecto persuasivo. En la antigua retórica grecolatina se llamaba *dispositio* al desarrollo y organización de un discurso argumentativo. Corax y Quintiliano señalaban que en un discurso bien organizado se podían identificar cinco partes: 1) un *exordio o proemio*, el cual correspondía a la introducción del discurso, 2) una *narración*, en la cual se hacía una relación de los hechos que debían conocer tanto el juez como el público, sobre el problema que se iba a debatir, 3) una *demostración, confirmación o comprobación*, la cual conformaba propiamente la sustentación de lo que se pretendía, 4) un *epílogo*, que correspondía al final del discurso —allí se resumían o se parafraseaban los argumentos más contundentes—, y 5), una *peroración*, que era la última oportunidad en el discurso para persuadir, esto es, para conmover apelando a las emociones y sentimientos del auditorio con el fin de que resultara favorecida la causa que se defendía. Algunos retóricos consideraban la *refutación* como parte de la demostración; otros la concebían como otra de las partes del discurso.

La retórica clásica distinguía tres procedimientos para organizar los argumentos: 1) Orden de Fuerza Creciente —comenzar con los argumentos menos importantes, y exponer los más sólidos hacia el final del discurso—, 2) Orden de Fuerza Decreciente —comenzar con los argumentos más sólidos, y exponiendo los menos importantes hacia el final— y 3) Orden Homérico o Nestoriano —consistente en comenzar y finalizar con los argumentos más sólidos, acomodando los más débiles hacia la mitad del discurso— (Al momento de librar una batalla, Néstor era partidario de ubicar en el centro de sus tropas a los soldados menos fuertes). Chaïm Perelman analiza así las limitaciones de esta clasificación:

> El inconveniente del orden creciente, es que al comenzar con los argumentos más débiles, se puede empañar la imagen del orador y la atención que el auditorio le pueda prestar al resto de la argumentación. El orden decreciente, por otro lado, puede dejar al final en el auditorio una mala impresión —y a menudo es la única que recuerdan—. Por estos motivos la mayoría de los retóricos estaba a favor del orden nestoriano. El inconveniente de este punto de vista radica en que concibe la fuerza de los argumentos como un principio inmutable, y ese no es el caso, pues la fuerza de un argumento depende en muchos casos de la manera como es recibido por el auditorio y de lo que esté dispuesto a aceptar (1977: 163).

Con esta clasificación, los retóricos se referían solamente al discurso persuasivo pronunciado ante un auditorio en una plaza. Las circunstancias en que se produce una argumentación escrita no coinciden totalmente con las del discurso oral. Argumentar ante un público no es lo mismo que argumentar para un lector. El orador cuenta con un *feedback* inmediato que le permite apreciar el impacto de sus argumentos y modificarlos inmediatamente. El escritor, en cambio, al momento de escribir, solamente tiene presente que existen opiniones diferentes a las que defiende, y que lo que argumente en un momento servirá de base para otros argumentos que expondrá más adelante. El orador organiza sus argumentos según el conocimiento previo de las razones del debate y las expectativas de su auditorio. El escritor, en cambio, organiza su discurso a partir de la reconstrucción teórica de su destinatario, de modo que cada argumento contribuya a reforzar su tesis central; pero no podrá conocer el impacto que tendrán sus argumentos en el lector. "Las exigencias de la adaptación al auditorio son las que deben servir de guía en el estudio del orden del discurso", ha dicho Perelman (1989: 765) sobre este aspecto de la argumentación.

Ante la imposibilidad de abordar exhaustivamente el tema en un ensayo, éste se estructura como si pudiese darse por terminado en cualquier momento, de ahí que su organización —y los efectos que ésta produce— siga siendo una de las preocupaciones de la moderna retórica. Aun cuando el ensayo carece de una estructura rígida y única, al momento de escribir los escritores procuran organizar sus ensayos sobre la base de un título, una introducción, una sustentación conformada por los argumentos que ofrece a favor de la tesis y por las refutaciones a los argumentos que tiendan a desprestigiarla, y una finalización coherente con el tratamiento dado a la sustentación.

La introducción de un ensayo cumple dos funciones importantes: 1) despertar la curiosidad e interés del lector, y 2) sugerir la posición o tesis que se va a adoptar acerca del tema. En sus introducciones, los escritores recurren a diversas estrategias retóricas. He aquí una lista de los procedimientos retóricos más utilizados por los escritores competentes para iniciar sus ensayos:

• Referirse a los antecedentes del tema (es tal vez la estrategia retórica más utilizada y más recomendada).
• Expresar directamente la tesis que se va a defender (muy apropiada para ensayos cortos).
• Resumir una opinión que va a ser objeto de una refutación.
• Ubicar el tema en su contexto histórico.
• Explicar o definir algún concepto clave para el desarrollo del ensayo.
• Describir una serie de detalles pictóricos; es decir, describir el ambiente y la atmósfera que caracterizan al lugar, persona o acontecimiento que van a ser tratados.
• Con una frase provocadora, audaz.
• Con una frase célebre o un aforismo.
• Con una frase tomada de una obra (novela, ensayo, poema, canción).
• Con una anécdota.
• Con un proverbio.
• Con una pregunta retórica cuya respuesta tiene que ver con la tesis que se propone sustentar.
• Con una comparación o una analogía.

Generalmente un párrafo es suficiente para la introducción de un ensayo. Cuando se trata de textos cortos, una o dos oraciones son suficientes para tal efecto.

La tesis de una argumentación no es evidente por sí misma; es el resultado de un razonamiento dialéctico. Por eso es necesario sustentarla. El cuerpo o desarrollo del ensayo está conformado por los párrafos con los que se sustenta o explica la tesis. Los párrafos de desarrollo constituyen el corazón del ensayo. Por lo general, en cada uno de ellos se aborda algún aspecto diferente de la tesis, pero hay ocasiones en que los argumentos son tan extensos que requieren más de un párrafo para su desarrollo.

Los párrafos de un ensayo deben organizarse de la mejor forma posible, siguiendo algún tipo de orden: lógico, cronológico, espacial, de importancia, de intensidad, de causa-efecto o viceversa, etc. Para lograr este efecto, es necesario que la primera oración de cada nuevo párrafo actúe como un elemento efectivo de enlace con el párrafo precedente. Son muy útiles para tal fin los conectivos o elementos de enlace como: por otro lado, así las cosas, por todas estas razones, por lo tanto, pero, etc.

La eficacia de una argumentación no depende exclusivamente del número de argumentos utilizados, sino más bien de la fuerza de los mismos. "La mejor argumentación es aquella que podría convencer al auditorio más exigente, al más crítico, al mejor informado" (Perelman, 1986: 20). La fuerza de un argumento depende fundamentalmente de las circunstancias en que se realiza; del propósito de quien argumenta; de la adaptación al destinatario, es decir, de la disposición de éste para aceptar las premisas y conclusiones que se someten a su consideración; de su relevancia con el tema y de la dificultad para refutarlas. Cuando la fuente de argumentación ignora estas consideraciones, corre el riesgo de que su destinatario ignore o rechace total o parcialmente algunos argumentos.

Por otro lado, la fuerza de un argumento no depende solamente de su contenido. El orden sintáctico y el empleo de conectivos son elementos discursivos que enfatizan la orientación y la fuerza de los razonamientos argumentativos. Obsérvese, por ejemplo, la disposición de las premisas en estas dos oraciones:

> (a) Teme a los profetas... y a quienes estén dispuestos a morir por la verdad porque, por regla general, ellos hacen que muchas personas mueran en lugar de ellos, en ocasiones con ellos, y muchas veces antes que ellos.
> 
> (b) Teme a los profetas... y a quienes estén dispuestos a morir por la verdad porque, por regla general, ellos hacen que mucha personas mueran con ellos, muchas veces antes que ellos, y en ocasiones, en lugar de ellos.

Como puede apreciarse, se trata de dos versiones de un mismo argumento, pero la segunda tiene mayor poder persuasivo porque sus premisas se organizaron siguiendo un orden gradual de intensidad irónica sobre las personas que siguen ciegamente a líderes que dicen "estar dispuestos a morir por la verdad". El énfasis de este argumento radica en el orden sintáctico en que aparecen las premisas, cuyo clímax aumenta gradualmente en intensidad: morir con el líder, morir antes del líder, y lo más irónico: morir en vez del líder. La primera versión del argumento ignora este procedimiento, por eso es menos intensa y tiene menor efecto persuasivo.

El destinatario de una argumentación puede compartir una tesis por la forma como ha sido sustentada por la fuente, porque le puede parecer más equitativa, más oportuna, más razonable, o simplemente porque le resulta más acorde con sus intereses.

Así como el ensayo tiene una introducción, también debe tener un final coherente con lo tratado. Las dos últimas oraciones de un ensayo son tan importantes como las dos primeras. El párrafo final del ensayo tiene como propósitos recordarle al lector aquello de lo que se le quería convencer; dejarle en la mente una reflexión que ha de recordar durante mucho tiempo. Por eso, es frecuente que allí se sintetice lo planteado, se llegue a alguna conclusión o se remate con alguna reflexión coherente con el tratamiento dado al tema. La extensión de una finalización debe ser proporcional a la del desarrollo del ensayo. Cuando se trata de textos cortos, una sola oración puede ser suficiente para finalizarlos; los ensayos extensos pueden requerir de uno o dos párrafos de conclusión. Las siguientes son las posibilidades retóricas más utilizadas por los escritores para finalizar sus ensayos:

- Expresar una conclusión coherente con lo sustentado.
- Parafrasear la tesis, esto es, repitiéndola con otras palabras.
- Sugerir una solución, una actitud o una línea de acción.
- Presagiar un resultado.
- Mediante una reflexión.
- Mediante una pregunta retórica.
- Mediante una frase célebre, una cita de una obra o un proverbio.
- Mediante una comparación o una analogía.
- Mediante conectivos que expresen finalización como: finalmente, para concluir, en resumen, para finalizar, en suma.

En síntesis, el principal propósito de un ensayo argumentativo es convencer al lector para que acepte determinado punto de vista sobre determinado tema. Con el fin de ilustrar lo hasta ahora expuesto, consideremos el siguiente modelo, escrito por el ex ministro de justicia colombiano Enrique Parejo González, acerca de la inconveniencia de la legalización de las drogas.

¿Conviene legalizar las drogas?

1. En el país se discute de manera recurrente, y cada vez con mayor insistencia, si conviene legalizar las drogas que producen dependencia física o psíquica en el ser humano. Ahora, ese debate ha adquirido mayor intensidad después de habérsele encontrado a un miembro de la junta directiva del Banco de la República, una papeleta con marihuana en su maletín de viaje. Examinemos, pues, este tema de indiscutible interés nacional.

2. Los partidarios de la legalización de las drogas dicen que éstas son peligrosas por ser prohibidas y que dejarían de serlo si se permitiera su tráfico y consumo. Quienes así razonan, consideran que la prohibición ha sido la causa de la violencia que ha desatado entre nosotros el narcotráfico. La legalización —dicen— haría que el narcotráfico se volviese un negocio ordinario, que sólo

daría utilidades modestas. Perdería así su atractivo actual, que se basa en las enormes ganancias que produce.

3. No falta quienes defienden la legalización dentro del marco de los principios neoliberales. Milton Friedman, uno de los defensores del neoliberalismo, cree que la prohibición del consumo de drogas es una indebida limitación de la libertad del individuo. Para él, toda persona es libre de drogarse. Su salud es asunto individual en el que no tiene por qué intervenir el Estado. La libertad estaría por encima de cualquier consideración sobre los daños que puedan derivar de su ejercicio.

4. También se afirma que el Estado, por razón de la prohibición, tiene que gastar cuantiosas sumas de dinero en combatir el tráfico y el consumo de drogas, sumas que podría emplear con mayor beneficio en campañas de prevención y educación. Sin embargo, cabe preguntarse: ¿Qué sentido tiene que el Estado le permita drogarse a una persona y que, una vez enferma, se dedique a curarla?

5. No es cierto que las drogas son peligrosas porque están prohibidas. Se ha establecido científicamente que causan daño, a veces irreparable, a quienes las usan. El individualismo no puede llegar al extremo de coartar a la sociedad el derecho a impedir que la salud de los asociados sea alterada, colectivamente, por el empleo de sustancias nocivas. Así como una persona no es libre de incendiar su propia casa, porque atentaría contra la seguridad, al menos, de sus vecinos, tampoco lo es para consumir drogas, si con ello pone en peligro la tranquilidad y la seguridad ciudadanas.

6. Es muy difícil hacer que el narcotráfico no sea un buen negocio, desde el punto de vista de las ganancias que produce. Suponiendo que, para hacerlo menos atractivo, se legalizaran algunas drogas —los más firmes partidarios de la legalización sólo piden que se legalicen las drogas blandas—, el negocio se desplazaría hacia las drogas duras, de efectos mucho más nocivos. Y el tráfico de éstas seguiría siendo un negocio muy lucrativo.

7. Si se legalizaran todas las drogas actuales, incluyendo las más peligrosas, se podrían presentar varias situaciones. El Estado podría ejercer el monopolio de la producción y venta de drogas. En ese caso, no tardarían en surgir organizaciones que se dedicarían a traficar con sustancias adulteradas y la acción del Estado contra esas organizaciones haría surgir la violencia. O el Estado podría dejar a los particulares la producción y el comercio de las drogas, actividades sobre las cuales cobraría impuestos, y en tal caso, se correría el riesgo de que las drogas se produjeran y vendieran de contrabando. Es indudable que se generaría violencia, en la medida en que el Estado tratara de reprimir ese contrabando.

8. La legalización de todo tipo de droga —blandas y duras— tendría necesariamente un carácter transitorio. Siempre existirá el riesgo de que salgan al mercado nuevas sustancias cada vez más fuertes, que tendrían que quedar cobijadas por la legalización. No se sabe a dónde iría a parar esta carrera permisiva, ni los daños a que se expondría la salud humana en el futuro.

9. Para producir y vender las drogas, en caso de que el Estado ejerciera un monopolio, se necesitaría un aparato burocrático considerable. Y si ambas actividades se dejaran en manos de los particulares, el Estado se vería obligado a ejercer un control, para preservar la pureza de las drogas, lo cual supondría la existencia de un aparato burocrático que cumpla esa finalidad. En ambos casos, el Estado tendría que seguir asumiendo altos costos, sin que dejara, por ello, de gastar el dinero que demande la función de prevención, educación y rehabilitación.

10. Por razón de la legalización, caerían tanto la censura legal como la social frente al uso de las drogas, al igual que la amenaza de imposición de penas, hoy existente. De ser así, el número de consumidores aumentaría a niveles imprevisibles, con grave daño para la salud de muchas más personas, especialmente jóvenes, y con aumento considerable de las ganancias de los traficantes.

11. Por último, para que la legalización tenga eficacia, se requiere que sea general, es decir, que se extienda a todos los países del mundo. En caso contrario, subsistirían los problemas que hoy se les atribuyen a la prohibición. En los más recientes foros internacionales, ninguno de los Estados participantes ha planteado la conveniencia de legalizar el uso o el comercio de drogas.

12. Si pasarse un semáforo en rojo debe ser reprimido, porque crea un riesgo para la vida y la integridad física de muchas personas, consumir droga crea un riesgo mucho mayor para los asociados. El drogadicto puede incurrir en errores de conducta perjudiciales para la sociedad. En defensa de los intereses sociales su conducta debe ser reprimida. Además, se debe tener en cuenta la experiencia de los países que, después de haber legalizado el uso de las drogas, han tenido que apelar de nuevo a medidas restrictivas ante el crecimiento considerable del número de usuarios a que ha dado lugar la legalización (*El Espectador*, 4 de julio de 1993).

Aun cuando muchos lectores no compartan los puntos de vista de Parejo González, es innegable que la organización de su ensayo y las estrategias argumentativas adoptadas permiten seguir con claridad su propósito argumentativo: disuadir a quienes crean ver en la legalización de las drogas un mecanismo para acabar con el enriquecimiento ilícito, el consumo de estupefacientes y la violencia que genera el narcotráfico.

El autor introduce su ensayo refiriéndose a los antecedentes del problema (párrafo 1). Con ello intenta despertar el interés del lector y destacar la actualidad e importancia del tema. Consciente de que un vasto sector de su auditorio tiene ideas contrarias sobre el tema de las drogas, decidió comenzar su argumentación citando tres importantes argumentos que defiende ese sector (párrafos 2, 3 y 4), y seguidamente procede a invalidarlos. Con ello demuestra que conoce los dos lados de la discusión, pero que los hechos le han permitido estar a favor de la posición prohibicionista por considerarla más sensata, más razonable, más justa.

El párrafo 4 finaliza con una pregunta retórica con la que va a preparar su argumentación en contra de la tesis abolicionista: "¿Qué sentido tiene que el Estado le permita drogarse a una persona y que, una vez enferma, se dedique a curarla?". La tesis del ensayo de Parejo González está repartida en dos oraciones, al comienzo del párrafo 5: "No es cierto que las drogas sean peligrosas porque están prohibidas. Se ha establecido científicamente que causan daño, a veces irreparable a quienes las usan". El autor sustenta su tesis con ocho argumentos que se pueden sintetizar en estos términos:

1. El drogadicto no sólo se destruye a sí mismo sino que, además, pone en peligro la tranquilidad ciudadana (párrafo 5).

2. Es muy difícil hacer que el narcotráfico sea un mal negocio debido a las cuantiosas ganancias que produce (párrafo 6).

3. Con la legalización de las drogas el Estado enfrentaría un dilema: 1) si monopoliza su producción, surgirían organizaciones dedicadas a adulterar estas sustancias, lo cual degeneraría en violencia, o 2) si se permite que los particulares las produzcan y comercialicen, los impuestos que se cobrarían serían evadidos mediante el contrabando, lo cual también degeneraría en violencia al ser reprimido (párrafo 7).

4. Surgirían nuevas sustancias —cada vez más fuertes— que quedarían cobijadas con la legalización (párrafo 8).

5. La legalización exigiría la creación de un nuevo aparato burocrático en el que el Estado gastaría millonarias sumas de dinero (párrafo 9).

6. Con la legalización aumentaría el número de adictos (párrafo 10).

7. La legalización de la droga no sería eficaz si no es acogida universalmente (párrafo 11).

8. El drogadicto puede incurrir en errores de conducta perjudiciales para la sociedad (párrafo 12).

Pero, ya lo hemos dicho en capítulos anteriores, aun la mejor argumentación jamás puede ser constrictiva. Mientras quienes argumenten sean seres humanos, siempre habrá oportunidad para discrepar. Si todos los argumentos fuesen contundentes no tendría razón discutirlos, ya que serían de obligatoria aceptación.

Con el único propósito de ilustrar este rasgo propio de la argumentación, y hacer más específicas nuestras apreciaciones teóricas, seguidamente citamos aquí un ensayo escrito por el periodista colombiano Antonio Caballero, sobre el mismo tema de la prohibición de las drogas, pero enfocado desde una perspectiva diferente.

La Guerra Artificial

1. Todos los días, todos los periódicos del mundo traen alguna información tremenda sobre los horrores causados por las drogas prohibidas. El tráfico del opio financia la guerra civil en Afganistán y en Myanmar, el de la heroína en la antigua Yugoeslavia, el de la cocaína en Colombia y en Perú, el hachís en Líbano y en Argelia. Los narcotraficantes compran políticos, sobornan jueces, policías y militares en casi todos los países del mundo. Prácticamente todas las formas de violencia —internacional o interpersonal, guerras o atracos de esquina, en los países pobres y en los ricos—, y todas las modalidades de corrupción —institucional o privada: la de un ejército mexicano o de Myanmar y la de un duque sevillano— están relacionadas con las drogas prohibidas. Y antes no era así.

2. La razón es que antes las drogas prohibidas no estaban prohibidas. Porque tendría que ser evidente a estas alturas que las drogas no son tan dañinas por ser drogas, sino porque están prohibidas. Lo reconocen voces tan distintas como la revista conservadora británica *The Economist*, el economista liberal norteamericano Milton Friedman, la política radical italiana Emma Bonino, comisaria de la Unión Europea, y el jefe de la policía de Amsterdam. Y sólo siguen estando prohibidas porque así lo quiere el Gobierno de los Estados Unidos, primera potencia del mundo. Hace un par de años, cuando Jocelyn Elders, secretaria de Salud de ese gobierno, criticó el tabú de la legalización, el presidente Clinton la destituyó de inmediato. Con lo sagrado no se juega: y la prohibición es sagrada. Pero no lo es, como podría pensarse, por motivos de moralismo puritano en la sociedad norteamericana. Al contrario: ha sido esa sociedad la que primero volvió masivo y después universal, con su ejemplo y su influencia cultural, el consumo de drogas. De todas, incluyendo las que aún son legales, como el tabaco, para no hablar de los ansiolíticos, desde el valium hasta el prozac. Así el uso generalizado de la morfina no viene de Sherlock Holmes, sino de la guerra de Secesión norteamericana, cuando se le dio a la adicción el nombre de *soldier´s desease* o "mal del soldado". El de la heroína viene de la guerra del Pacífico. El de la marihuana y el hachís, el LSD y otros alucinógenos, de la "contracultura" californiana y el hippismo de los años sesenta. El de la cocaína, de la Guerra del Vietnam, los rockeros de los setenta y los yuppies de los ochenta. El consumo de drogas como fenómeno de masas es creación de cabo a rabo, de los norteamericanos.

3. Y la prohibición también universal de ese consumo es por su parte, de cabo a rabo, creación de los gobiernos de los Estados Unidos. Del presidente Teodoro Roosvelt, que hace 90 años convocó la Convención de Shangai contra el opio. Del presidente Harry Truman, que hace 50 auspició la Convención de Ginebra sobre control de drogas. Del presidente John Kennedy, que hospedó hace 40 la Convención Antinarcóticos de Nueva York. Del presidente Richard Nixon, que hace 30 proclamó como cruzada mundial la "guerra frontal contra las drogas". De los presidentes Jimmy Carter y Ronald Reagan, que hace 20

organizaron la Convención de Viena y la hicieron firmar por casi todos los gobiernos del mundo.

4. El resultado final de ese proselitismo prohibicionista ha sido, como puede verse hoy, totalmente contrario a los objetivos señalados. El aumento de la producción, el tráfico y el consumo de drogas, la amplitud del abanico de las sustancias adictivas y la agravación y multiplicación de todos los problemas generados por ellas. Han crecido el poder y la riqueza de las mafias del narcotráfico, que son hoy capaces de imponer su ley a muchos estados en todos los continentes. Se ha ampliado el ámbito del problema: de la Patagonia a Alaska, de Estocolmo a Ciudad del Cabo, de Lisboa a Vladivostok, en cualquier punto del globo en el que uno ponga el dedo hay un problema de drogas. Se ha multiplicado vertiginosamente el número de consumidores; para poner un solo ejemplo, cuando el Reino Unido firmó en 1965 la Convención de Viena, el número de adictos en el país era de 1.300 (sí: mil trescientos); ahora es de 1.300.000. Y esos adictos, cuando no están por añadidura presos (otro ejemplo: a causa de los delitos relacionados con la droga, asesinato, venta o consumo, la población carcelaria de los Estados Unidos se ha multiplicado por ocho), han visto agravado y ampliado el espectro de sus padecimientos; además de adictos son hoy criminales, perseguidos por la policía, marginados por la sociedad y víctimas señaladas por el contagio de enfermedades como el sida o la hepatitis, propaladas por la clandestinidad impuesta al vicio. Desde cualquier ángulo que se mire el asunto —el social, el moral, el político, el policial—, la "guerra frontal contra la droga" ha sido un absoluto fracaso.

5. ¡Ah, pero es que sólo la guerra, o sea, la prohibición, convierte el tráfico de drogas en un negocio que mueve un billón de dólares al año. Si se legalizaran las drogas, el volumen del negocio, y sobre todo, el margen de las ganancias, se vendría abajo. Hay analistas que calculan que la legalización tendría sobre la banca mundial, y sobre todo sobre la norteamericana, un impacto peor que el del *crash* del año 29. Y, de contra, el Gobierno de los Estados Unidos perdería valiosísimos instrumentos de control social contra su propia población y de control político sobre gobiernos indóciles a escala internacional. Un ejemplo de lo primero: la ya mencionada explosión de la población carcelaria, que hace que hoy haya en la democracia más grande del mundo tantos ciudadanos presos como en la Rusia soviética de Gulag. Y un par de ejemplos de lo segundo: la llamada "certificación" a los gobiernos extranjeros por su desempeño en la cruzada, gracias a la cual Washington tiene de rodillas a medio mundo; y la permanencia *sine die* de tropas norteamericanas en el canal de Panamá, en violación de los tratados Torrijos-Carter de hace 20 años pero con el pretexto de montar un centro internacional contra la droga que pasa por allí.

6. Eso es lo que es sagrado. Y ésa, y no el puritanismo ni lo que podría parecer también simple imbecilidad contumaz, es la verdadera razón por la cual se mantiene una guerra artificial que causa tantos daños de tantas clases y a tanta gente sin alcanzar ni uno solo de los objetivos que dice buscar. La

guerra la está perdiendo el mundo, pero la va ganando el Gobierno de los Estados Unidos (revista *Cambio*, agosto 31 de 1998).

El periodista Antonio Caballero ha organizado su ensayo de la siguiente manera:

En su introducción se refiere a los antecedentes del problema generados por el consumo y tráfico de drogas prohibidas. Caballero ha seleccionado cuidadosamente algunos datos concretos relacionados con la política internacional, y con el orden social, moral y policivo, que ilustran el horror ocasionado por las drogas, concluyendo provisionalmente que "antes las cosas no eran así". Con este procedimiento, el escritor se propone comunicar a los lectores que él conoce muy bien los daños ocasionados por el narcotráfico en todos los órdenes. Pero su interpretación acerca de esos hechos —a todas luces abolicionista— difiere de la que defienden los que están a favor de la penalización.

La tesis que sostiene Caballero, "Las drogas prohibidas no son tan dañinas por ser drogas, sino porque están prohibidas" aparece ubicada en la segunda oración del párrafo 2.

La sustentación de la tesis de Caballero se apoya en cinco argumentos cuyas conclusiones se pueden sintetizar así:

1. Prestigiosas voces internacionales como la revista *The Economist*, el economista norteamericano Milton Friedman, la politóloga italiana Emma Bonino, el jefe de la policía de Amsterdam y Jocelyn Elders, secretaria de salud en el gobierno de Bill Clinton, reconocen que las drogas son dañinas por ser prohibidas. Este se basa en el llamado *argumento de autoridad*, esto es, en el prestigio *(ethos)* de la fuente citada en el campo en el que se argumenta (primera parte del párrafo 2).

2. El consumo de drogas como fenómeno de masas es creación de cabo a rabo, de los norteamericanos (segunda parte del párrafo 2).

3. La prohibición universal del consumo de drogas es creación del gobierno de los Estados Unidos (párrafo 3).

4. El resultado final del proselitismo prohibicionista ha sido un absoluto fracaso (párrafo 4).

5. La prohibición convierte el tráfico de drogas en un negocio que mueve un billón de dólares al año (párrafo 5).

El escritor finaliza su ensayo con una conclusión con la que enfatiza su tesis: El prohibicionismo es una guerra creada artificialmente que sólo favorece a los Estados Unidos.

Ya se ha dicho en páginas anteriores, "toda argumentación es abierta". Pocas veces —como ocurre en los fallos judiciales— se puede dar por concluida definitivamente una argumentación. Al igual que con la tesis de Parejo González, la tesis de Caballero puede gozar de la aceptación de miles de personas, pero igualmente puede ser objeto del rechazo de otros miles. Cada vez que la sociedad se sienta amenazada por los estragos ocasionados por el consumo y tráfico de drogas, se revivirá la polémica a favor o en contra de su prohibición. Y con mucha seguridad se escucharán nuevas voces que tratarán de convencer o disuadir a quienes, por lo menos, no han tomado partido en la discusión. No sería extraño, incluso, que quienes en un momento defendieron una de las dos tesis que hemos enfrentado, en el futuro terminen modificando sus creencias y apreciaciones sobre el tema y adopten una tesis diferente. Suiza, por ejemplo, es un país que, siempre que se aborda el tema del consumo de drogas, es citado como uno de los más tolerantes. Sin embargo, el 29 de noviembre de 1998 se realizó un plebiscito relacionado con una propuesta orientada a legalizar su consumo.[1] Los defensores de la aprobación consideraban que la legalización eliminaría el problema que ocasionan las drogas; los detractores de esta tesis, por su parte, consideraban que la aprobación convertiría al país en un paraíso para los narcotraficantes. La posición a favor del rechazo ganó en una proporción de tres a uno. De acuerdo con los escrutinios en veintiséis cantones (estados) suizos, la medida no ganó en ninguno de ellos, pero recibió el apoyo de un 26,1 por ciento. "La razón no siempre se obtiene por votación popular", parece que ésta será otra tesis en la que tendrán que apoyar sus argumentos los abolicionistas para justificar su momentánea derrota. La polémica continúa. Lo mismo ocurrirá con temas como la consagración de la pena de muerte, la abolición del jurado de conciencia, las corridas de toros, las pruebas de Estado para ingresar a una universidad, el servicio militar obligatorio, la abolición del concordato, etc.

---

1  Cfr., diario *El Heraldo*, 30 de noviembre de 1998.

# 8
# Estructura de un argumento

La sustentación de una tesis está conformada por una cadena de argumentos. Cada argumento, a su vez, está conformado por una serie de premisas que sustentan una conclusión o punto de vista. Numerosas argumentaciones informales constan de un solo argumento, pero la sustentación de la tesis de una argumentación escrita —mejor organizada y más exhaustiva— generalmente requiere varios.

Un argumento bien conformado tiene una organización interna coherente, en la que sus elementos constituyentes mantienen una relación de dependencia lógica, similar a la que, por ejemplo, guardan las piezas de un esqueleto. De modo que para evaluar si un argumento está bien configurado es conveniente desmontarlo en sus elementos constitutivos; así se puede apreciar con más claridad la relación de dependencia lógica que guardan esos elementos en el argumento y cuáles, por el contrario, son irrelevantes con lo que se pretende. Por esta razón es necesario conocer algún método o modelo que permita apreciar con claridad y precisión esa relación.

La estructura más simple de un argumento corresponde al razonamiento en el que se ofrece una sola razón a favor de una convicción. Pero en los argumentos más complejos y que requieren mayor sustentación se pueden identificar seis elementos, tres obligatorios y tres opcionales. Los elementos obligatorios son: un punto de vista o conclusión (P), una fundamentación (F), y un garante (G). Son elementos opcionales, pero no menos importantes: un condicionamiento de la conclusión (Cd), una concesión (K), y una refutación (R). Seguidamente describimos cada uno de estos elementos y la manera como se interrelacionan en un argumento.

## Punto de vista o conclusión (P)

El punto de vista o conclusión de un argumento es su idea central. Se trata de una proposición, expresa o implícita, que resume una convicción a favor de una tesis que se defiende. Una convicción es una creencia o una actitud hacia algo. En opinión de Oswald Ducrot, cada vez que uno habla orienta a su destinatario hacia determinado sentido, aun en los casos en que no se trate de una conclusión precisa. La conclusión de un argumento no tiene una posición fija: puede aparecer al comienzo, hacia la mitad o hacia el final. En muchas ocasiones, la conclusión está implícita, pero el lector puede encontrar suficientes datos de la sustentación que le permitan inferirla, parafrasearla. Influenciados por S. Toulmin, en el modelo que vamos a describir, (P) es la proposición que mejor responde a estas preguntas:

— ¿Cuál es la opinión que defiende el autor en su argumento?
— ¿De qué cosa nos pretende persuadir?
— ¿Qué es lo que el autor desea demostrar?
— ¿Cuál es la conclusión que el autor ha sacado sobre el tópico en discusión?

Veamos algunos ejemplos de (P):

— La pena de muerte para secuestradores, terroristas y violadores es una necesidad de profilaxis social.
— Nuestro sistema penal no socializa ni rehabilita a los terroristas, a los secuestradores ni a los violadores.
— Del mismo modo como las leyes justifican que un individuo actúe en defensa propia y pueda matar antes de que lo maten, el Estado tiene derecho a condenar a muerte a aquellos miembros que ponen en peligro su subsistencia.
— El gobierno tiene la responsabilidad de proponerle al Congreso una urgente reforma al artículo 415 sobre libertad provisional.
— Nuestra selección nacional de fútbol fracasó en los juegos olímpicos de Barcelona porque se acostumbró a no correr riesgos y a abusar del juego lateral y hacia atrás.

En una argumentación escrita, las premisas y las conclusiones no son tan explícitas ni aparecen clasificadas con rótulos como ocurre en los silogismos, y la conclusión no tiene una posición fija: puede aparecer al comienzo —precediendo las premisas— hacia la mitad —entre las premisas— o hacia el final del argumento. Por otro lado, en numerosos argumentos sólo se expresan las premisas y se deja implícita la conclusión cuando ésta resulta demasiado obvia; en estos casos, el lector tiene que realizar la tarea de inferirla con sus propias palabras. Aunque el (P) de un argumento no siempre está señalado en el texto por determinada marca, puede identificarse con la ayuda de algunos conectivos, como en consecuencia, de ahí que, por consiguiente, luego, por tanto, de modo que, en conclusión, por eso, entre otros. Existen igualmente frases con las que se introducen conclusiones, tales como: en mi opinión, mi punto de vista al respecto es que..., lo que yo creo es que... La lengua cuenta, además, con conectivos con los que se enfatizan o destacan conclusiones importantes; por ejemplo: es evidente que, obviamente, resulta evidente (a todas luces) que..., sin lugar a dudas, por supuesto...

## Condicionamiento del punto de vista (Cd)

Hay argumentos en los que es necesario expresar un condicionamiento de (P) para delimitar la validez de su alcance, ya que existen determinadas circunstancias que, de no mencionarse, lo invalidarían. De este modo se especifica cuál es el alcance de la pretensión de validez, y se deja sin piso cualquier impugnación que pueda suscitarse en el auditorio. Un argumento puede ser válido en determinadas circunstancias, pero puede resultar inválido en determinadas ocasiones excepcionales. El (Cd) de un punto de vista responde a estos interrogantes:
— ¿Qué aspecto particular no contempla (P)?
— ¿Qué factor específico limita el alcance de (P)?
— ¿Qué consideraciones se deben tener en cuenta para no invalidar (P)?
— ¿Qué circunstancias podrían invalidar el alcance de (P)?
En los siguientes ejemplos, (Cd) aparece escrito en cursiva.

— La pena de muerte no intimida *sino a las personas honestas que temen verse implicadas en un crimen.*

— Hay razones poderosas para que cada día se acentúe más en el mundo civilizado la tendencia a suprimir el jurado de conciencia, *a lo menos en su forma clásica de poder soberano o irresponsable.*

— La pena de muerte se justificaría *si con ella desaparecieran las causas de la criminalidad.*

— El propósito del artículo 415 sobre libertad provisional no se justifica, *a menos que solamente se aplique a delitos comunes.*

— El fútbol lateral y hacia atrás no es funcional, *salvo que interese mantener un marcador que conviene y no se cuente con posibilidades de aumentarlo.*

El (Cd) de un punto de vista se señala con conectivos que denotan una restricción: salvo, a no ser que, en caso de, sólo si, a menos que.

## Fundamentación (F)

La Fundamentación (F) de un argumento está conformada por las razones que sustentan o justifican a (P) para que merezca la confianza y aceptación del destinatario. Existen varios términos que se pueden utilizar como sinónimos para designar a este elemento indispensable de un argumento: fundamento, motivación, justificación y respaldo. A los enunciados que constituyen la fundamentación de un argumento se les designa con el nombre genérico de premisas, las cuales se basan en datos provenientes de opiniones, creencias, valores, presunciones, hechos, evidencias, indicios, datos estadísticos y testimonio de autoridades en el tema.

Las razones que se exponen a favor de un argumento logran su propósito persuasivo sólo si el auditorio está de acuerdo con ellos o es propenso a estarlo. El hecho de que quien argumente crea firmemente en lo lógico de sus fundamentos, no es razón suficiente para que el destinatario también los acepte como tal. El hecho de que, por ejemplo, alguien afirme que "Los niños norteamericanos de raza blanca tienen un mayor coeficiente intelectual que los de raza negra", puede ser aceptado por un gran sector, pero no compartido por otro. La aceptación de esa aserción implica compartir determinadas consideraciones ideológicas, filosóficas, políticas, antropológicas, raciales, etc.

La justificación o fundamentación de un argumento responden a estas preguntas:
— ¿Qué lo motiva a pensar así?
— ¿Qué razones tiene a favor de esa posición?
— ¿En qué apoya su apreciación?
— ¿Qué hechos ilustran su apreciación?
— ¿Qué experiencias le permiten ilustrar su posición?

Con los siguientes ejemplos nos proponemos esquematizar la relación entre (P), (Cd) y (F):

## Estructura de un argumento / 67

(P) Ya es hora de acabar con el boxeo profesional por los graves riesgos a que están expuestos los boxeadores. — (F)

- La mayoría de los boxeadores profesionales son jóvenes pobres, mal alimentados, que recurren al boxeo sólo porque ven en él un recurso para salir pronto de la pobreza, sin importarles si tienen aptitudes, talento y disciplina para ese deporte.

- Resulta absurdo considerar la muerte de un boxeador, luego de un combate, como un accidente. Más de 400 muertos ha dejado el boxeo, para no hablar de lesionados físicos y psicológicos.

- El cerebro flota en un líquido que contiene sal y potasio, y está conectado por vasos sanguíneos muy delicados que, al ser golpeados, contra el cráneo, se desgarran, causando una hemorragia cerebral.

(P) La pena de muerte no ejemplariza. — (F)

- En los países en donde existe la pena de muerte no han disminuido los índices de violencia ni de crímenes atroces.

- Para los asesinos a sueldos la vida no tiene valor alguno. La muerte es para ellos un simple riesgo en el que piensan al momento de delinquir.

- La pena de muerte no se aplicaría a menores de dieciocho años, de modo que se incrementaría el número de sicarios menores de edad.

(P) La pena de muerte para terroristas, secuestradores y asesinos de personas en estado de indefensión es una necesidad de profilaxis social. — (F)

- Con la legalización de la pena de muerte lo único que hace el Estado es aplicar la pena más proporcional a la agresión cometida.

- Con la pena de muerte, la sociedad evita que, gracias a benevolencia de un juez y los servicios efectivos de un abogado, los asesinos circulen libremente por las calles haciéndole mayores daños.

- La cadena perpetua, como pena para reemplazar la pena de muerte, es un castigo mucho más cruel, porque abarca toda la existencia del reo.

(P) Al despenalizar todas las drogas se corre el riesgo de ver nacer un gigantesco contingente de toxicómanos compulsivos.

(F)
- Aumentaría el número de drogadictos ante la facilidad para conseguir la droga. "Si es legal, no puede ser malo", podrían pensar muchos jóvenes.
- Sólo el 10% de los consumidores de alcohol se vuelven alcohólicos. En cambio, el 75% de los consumidores de drogas se vuelven toxicómanos.
- Si los hospitales no disponen de recursos para los pobres; menos recursos tendrían para atender los cientos de toxicómanos, que son enfermos conscientes del daño que se ocasionaban.

(P) Despenalizar el tráfico y consumo de estupefacientes sería humano y razonable.

(F)
- La represión no ha dado los resultados previstos. A pesar de los millones invertidos contra el narcotráfico, el consumo no disminuye.
- Si los estados perciben millones de dólares por impuesto al tabaco y al alcohol, la despenalización de la droga representaría otro tanto por concepto de impuestos fiscales y suplementarios.
- Los usuarios dejarían de ser tratados como delincuentes y habría menos corrupción en la política y en la justicia. Los laboratorios farmacéuticos elaborarían drogas no mezcladas.

Existen numerosos conectivos en el discurso que actúan como encabezadores de premisas en un argumento; los más usuales son: toda vez que, porque, ya que, puesto que, a causa de que, por esta razón, dado que, en vista de que, lo que es más, no obstante. Con éstos, y otros conectivos, el escritor procura orientar al lector en cuanto a las relaciones lógico-semánticas que se propone establecer entre las premisas de sus argumentos. Cuando la relación que se establece entre una premisa y otra es bien clara, la presencia de tales marcas se puede obviar.

No todo lo que se dice en un argumento tiene el carácter de (P) o de (F); numerosas oraciones de un argumento tienen como función proporcionar información que le aporte mayor claridad a las premisas para que el lector las comprenda mejor. Veamos un ejemplo:

(1) Muchos padres de familia matriculan a sus hijos en colegios militares con el solo propósito de que puedan obtener su libreta militar sin necesidad de cumplir el año de servicio en el Ejército o en la policía. (2) Otros lo hacen con la intención de que castiguen a su hijo por las faltas que a menudo comete, y que lo pongan en cintura, ya que ellos no han podido disciplinarlo. (3) Un buen colegio es aquel que tiene como propósito formar integralmente a sus alumnos. (4) Pero lo que estos padres ignoran es que estos planteles educativos son tan perniciosos como el hecho de que haya niños en la guerrilla, porque ambas partes están preparando menores para la guerra. (5) Los colegios militares trabajan un concepto de poder donde los ganadores son los más fuertes y los perdedores los más débiles. (6) Todo eso lleva al racismo, al clasismo, al machismo y a otras apreciaciones irracionales. (7) Estos planteles, además, basan su educación en la obediencia ciega. (8) Los alumnos respetan a sus compañeros y profesores sólo por la jerarquía y rango que ostentan, pero no porque sean personas. (9) Los jóvenes pueden llegar a creer que el respeto se da a las personas por su jerarquía y por un orden social, que no corresponde a la vida civil. (10) El abuso de estudiantes con un rango mayor y el miedo a denunciar esos abusos por parte de los alumnos ultrajados hará pensar a estos jóvenes que ese tipo de comportamiento es socialmente justificado y serán insensibles ante las injusticias de que sean objeto otras personas.

Obsérvese que las oraciones 1 y 2 no son premisas ni conclusiones, pero sin esta información no sabríamos por qué algunos padres envían a sus hijos a estudiar en colegios militares. El (P) del argumento está implícito, y se podría inferir en estos términos: "Los colegios militares no ofrecen la mejor opción para la formación integral del alumno". Las oraciones restantes conforman la (F) del argumento: se trata de premisas que se basan en razones y presunciones.

La fundamentación de un punto de vista depende de tres aspectos básicos: 1) del conocimiento del mundo del destinatario, 2) del prestigio y honorabilidad de la fuente de argumentación, y 3) de los hechos y evidencias que ilustran las premisas.

### Fundamentos basados en el conocimiento del mundo del destinatario

Si el destinatario de un argumento cree que los atletas negros son superiores a los atletas blancos, una premisa que se apoye en esta presunción se puede utilizar como respaldo para un argumento, pero si el auditorio no comparte esa opinión, es mejor evitarla y buscar otras razones, ya que los argumentos resultan convincentes en la medida en que se apoyen en premisas que se adapten al auditorio. Si no existen acuerdos mínimos entre la fuente de argumentación y el destinatario, no hay garantías para lograr una convicción. "Las posibilidades de un argumento dependen de lo que cada uno está dispuesto a conceder, de los valores que reconoce, de los hechos sobre los que señala su conformidad, por consiguiente, toda argumentación es *ad hominem* o *ex concessis*" (Perelman, 1989: 184). Para no confundir una argumentación *ad hominem* con una argumentación *ad personam*, Perelman establece esta distinción: la primera se basa en lo que el destinatario admite, mientras que la segunda se basa en un ataque al adversario —y no a sus ideas— con el fin de descalificarlo.

Si, por ejemplo, el destinatario sabe que cada vez que aumentan los precios de la gasolina aumenta el valor del transporte, y que esto ocasiona a su vez un alza en el valor de los alimentos que provienen del campo, ese conocimiento puede ser utilizado por quien argumenta, para obtener una adhesión a la (P): "El reajuste de salarios decretado por el gobierno no corresponde al alto costo de vida que se avecina debido al nuevo aumento en los precios de la gasolina".

Si quien argumenta presupone que su auditorio no posee este conocimiento, tiene dos opciones: evita (P) o lo explica. La segunda opción es más saludable cuando se trata de conocimientos que no están al alcance de un considerable número de lectores. Cuando el auditorio comprende la información que se le suministra está mejor dispuesto a aceptar la posición que se le propone. Ejemplo:

| (P) | (F) |
|---|---|
| Los defensores de la nueva reforma tributaria le mienten al país al afirmar que los aumentos en los impuestos no afectan el costo de la vida, sino solamente a las grandes empresas y a los grandes contribuyentes. | Es imposible aislar los efectos de un aumento en los impuestos. La lista de bienes y servicios gravados es notoriamente extensa. Por lo tanto, los grandes empresarios y los grandes contribuyentes trasladarían su contribución al precio de los artículos, que finalmente pagarán los consumidores de todas las clases sociales. |

### Fundamentos basados en el ethos de la fuente

Desde los tiempos de la retórica clásica, se llama *ethos* a la confianza y respeto que inspira la fuente de argumentación en el auditorio. Esta confianza se basa en el prestigio, honorabilidad y credibilidad de los que se ha hecho merecedora la fuente en el área de sus conocimientos. Lo que diga, por ejemplo, Christian Barnard sobre trasplantes de corazón es digno de credibilidad; las opiniones que exprese Gabriel García Márquez acerca de la creación literaria gozan de mucha aceptación entre los amantes de la literatura.

Para Aristóteles, el *ethos* es uno de los más poderosos instrumentos de persuasión. La apreciación aristotélica aún tiene validez en nuestros tiempos. Las investigaciones actuales sobre persuasión coinciden en que la credibilidad de la fuente podría ser el principal elemento —y tal vez el único— del que depende el éxito de una argumentación. En muchas argumentaciones, el respeto que inspira quien argumenta permite que sus opiniones sean aceptadas como razones que sustentan sus puntos de vista.

Quien argumenta siempre se esforzará por aparecer como una persona honesta y digna de confianza. Cuando el *ethos* es cuestionado o se pone en duda, es bastante difícil recuperarlo. Los políticos ilustran muy bien este fenómeno: muchos son expertos en el campo en el que se proponen convencer a un auditorio, pero su *ethos* ha sido cuestionado, lo cual se convierte en un bloqueo para confiar en sus planteamientos.

La presentación de un orador a cargo de otra persona, o el prólogo de un libro, tienen como función, precisamente, resaltar el *ethos* de quien va a ser escuchado o leído. De este modo, se predispone al destinatario para que, por lo menos, escuche o lea atentamente lo que se le va a plantear. Ejemplo:

| (P) | (F) |
|---|---|
| Una teoría sobre el lenguaje que ignore su función comunicativa sólo podrá proporcionar una explicación incompleta del lenguaje. | La comprensión de los hechos sintácticos requiere la comprensión de su función en la comunicación puesto que el lenguaje es enteramente una cuestión de comunicación. |

(John Searle)

Por supuesto que para que el argumento anterior sea aceptado, el auditorio debe reconocer que John Searle es una autoridad reconocida en el campo de la pragmática del discurso, cuyas obras han sido traducidas a numerosos idiomas, y que se trata de uno de los pensadores más influyentes en el área de filosofía del lenguaje ordinario.

El *ethos* es una concesión que hace el auditorio a la fuente de argumentación, pero como cualquiera otra actitud humana, puede variar con el correr del tiempo, y hasta en el curso de un mismo acto de comunicación. Cuando el auditorio no reconoce el *ethos* a la fuente de argumentación, ésta tiene que realizar un mayor esfuerzo argumentativo para lograr su propósito.

## Fundamentos basados en hechos y evidencias

Un hecho o acontecimiento, por su misma naturaleza, casi siempre se reconoce por su evidencia; por la posibilidad de su comprobación. Los hechos no se pueden refutar, lo que puede ser objeto de discusión es su interpretación y valoración. Muchos puntos de vista no resultan convincentes por no estar respaldados con hechos que sean de relevancia para lo que se proponen justificar.

Una evidencia es un vestigio o manifestación material, social o psíquica de la ocurrencia de un hecho. Las evidencias se manifiestan con tal claridad que resulta difícil dudar de su certeza racionalmente. Los argumentos adquieren mayor solidez cuando están respaldados con hechos y evidencias relacionados con el caso específico acerca de cuya interpretación se desea convencer. Este aspecto del argumento responde a los siguientes interrogantes:

— ¿Qué hechos o evidencias ilustran la posición que usted asume?
— ¿Qué hechos concretos le permiten pensar de esa manera?
— ¿En qué hechos se basa usted para concluir eso?
— ¿Qué hechos o evidencias puede citar para justificar su actitud?

Veamos un ejemplo:

| (P) | (F) |
|---|---|
| El gobierno tiene la responsabilidad de proponer al Congreso una urgente reforma al artículo 415 del Código de Procedimiento Penal (CPP) con el propósito de extirpar todo lo inadecuado y confuso que interfiera con la acción de la justicia. | El espíritu del Artículo 415 del CPP sobre libertad provisional, que dice que "vencidos los cientos veinte días y no se hubiese calificado el mérito del sumario, el detenido debe recobrar la libertad provisional", es inadecuado para los casos de extorsión, secuestro, terrorismo y narcotráfico porque el crimen organizado deja menos huellas y se requiere de más tiempo y de mayor trabajo para el acopio de pruebas, lo cual demora su proceso. |

Para que un hecho pueda utilizarse como la fundamentación de un punto de vista, es necesario que, en efecto, haya ocurrido anteriormente; de no ser así, se trata de una presunción o de una hipótesis, que aunque también son usuales como premisas de un argumento, no tienen el mismo poder persuasivo de un hecho. Las presunciones "se basan en la creencia de un hecho o de una cosa porque es muy probable o porque hay señales de ellas más o menos fiables" (Berrío, 1983: 228).

## El garante (G)

El garante es el principio explícito o implícito que se establece entre (P) y (F). Aristóteles ya se había referido a este aspecto de un argumento en el *Organon* —en el capítulo sobre los tópicos— con el nombre de *topoi*, esto es, *lugares comunes*. En esa obra, el estagirita propone una extensa lista de principios que son de utilidad para quien argumenta.

Un garante es un principio cuya validez se presume aceptada en el seno de una sociedad. Los garantes se basan en leyes, normas sociales, convenciones culturales y en conclusiones racionales fruto de la experiencia y el conocimiento del mundo de los seres razonables. Por ejemplo, al despertarse los propietarios de la granja se dan cuenta de que durante la noche fueron objeto de un robo. Uno de los ofendidos argumentó de esta forma sobre el hecho: "El ladrón o los ladrones tienen que ser personas conocidas en esta casa, pues *Sultán* (el perro) no ladró durante toda la noche". El garante que subyace en este breve argumento es algo así como: "Los perros guardianes acostumbran a ladrar de noche a los desconocidos". En numerosos argumentos no se expresa el garante porque resulta demasiado obvio. El garante de un argumento responde a estos interrogantes:

— ¿En qué principio razonable se apoya la relación entre (P) y (F)?
— ¿Cuál es el nexo que existe entre (P) y (F)?

He aquí una breve lista de garantes que subyacen en numerosos argumentos:

— A mayor número de opciones, mayores posibilidades de ganar.
— Ningún compromiso se adquiere con quien nada se ha pactado.
— Cuando se dispone de un conocimeinto adecuado de las cosas es posible manipularlas con éxito.
— Los hombres se rebelan cuando se les oprime.
— Cuando una ensambladora de automóviles descontinúa un modelo, éste inmediatamente se devalúa.
— Se aprende mejor un idioma extranjero cuando se estudia en un país que lo utiliza como lengua oficial.
— La duda favorece al reo.
— Nadie puede ser condenado sin antes haber sido escuchado.
— Toda decisión judicial tiene que ser motivada.
— Una conducta punible debe ser descrita de manera inequívoca previamente en la ley.
— Donde la ley no distingue, no se puede distinguir.

Con los siguientes esquemas nos proponemos ilustrar la relación entre (P), (F) y (G).

(P) Los automóviles Monza sufrirán una devaluación en el mercado del usado.

(F) La Chrysler Colmotores acaba de descontinuar la línea de los Monza.

G — Cuando una ensambladora descontinúa un modelo, éste automáticamente se devalúa.

(P) Los algodoneros tendrán grandes pérdidas en sus cosechas.

(F) Los anuncios sobre el estado del tiempo predicen torrenciales aguaceros en las zonas algodoneras durante varios meses.

G — Las lluvias torrenciales destruyen los cultivos de algodón.

(P) El técnico del Atlético Junior debería renunciar.

(F) De diez partidos jugados en el actual torneo, nuestro equipo ha perdido ocho juegos y ha empatado dos.

G — La meta de todo técnico es ganar el mayor número de partidos.

(P) Al señor X no se le puede condenar por ser homosexual.

(F) La homosexualidad no aparece tipificada como delito en el Código penal.

G — Para que una conducta sea punible debe ser típica, antijurídica y culpable.

(P) La pena capital no intimida ni ejemplariza, por lo tanto no se justifica en ninguna legislación del mundo.

(F) Los criminales de alta peligrosidad son insensibles al dolor físico y moral. Ellos, además, ven la muerte como un riesgo propio de su trabajo.

G — Cuando es imposible que una ley logre el propósito para el cual es creada, es mejor no aprobarla o abolirla.

(P) Es extremadamente peligroso aprobar la pena de muerte en un país cuyo sistema judicial y criminalístico comete frecuentes errores

(F) En todos los sistemas se dan fallos injustos, aunque algunos logran rectificar sus errores luego de varios años, cuando el condenado ya ha cumplido la mayor parte de la pena.

Pero muchas veces el Estado no tiene interés en enmendar un error judicial.

G — Un sistema judicial propenso a cometer errores e injusticias no es garantía para la legalización de la pena de muerte.

Los garantes propios del derecho penal reciben el nombre de principios rectores.

> Los principios rectores son pautas superiores y abstractas, generales e inductivas en que descansan las diversas normas e instituciones del derecho penal positivo, y que los doctrinantes proponen como guías que facilitan la tarea interpretativa y la dotan de mayores inteligibilidad y armonía sistemática. Pero con todo lo importantes que se quiera, tales principios no son vinculantes para el juez ni para el intérprete, porque no son normas jurídicas. Su obligatoriedad es solamente de carácter lógico y por lo mismo sólo obran para quienes quieren ser coherentes en su modo de pensar las normas penales. Sin embargo, como su obtención es el resultado de un largo y dispendioso proceso de elaboración conceptual, siempre será más o menos discutible la exactitud de cada uno de tales principios en cada legislación, si ésta los admite y hasta qué punto, tarea que se ve muy obstaculizada por la falta de un reconocimiento expreso en la ley (Molina Arrubla, 1997: 25).

En derecho penal muchos de estos principios (garantes) tienen nombres específicos, relacionados con el propósito que persiguen. En tal sentido se habla de:

— *Principio de legalidad.* "Nadie podrá ser condenado por un hecho que no esté expresamente previsto como punible por la ley penal vigente al tiempo que se cometió, ni sometido a la pena o medida de seguridad que no se encuentren establecidas en ella" (Artículo 1º. Código Penal CP).

— *Principio del debido proceso.* "Nadie podrá ser juzgado sino conforme a leyes preexistentes al acto que se le imputa, ante juez o tribunal competente y con observancia de la plenitud de las formas propias de cada juicio" (Artículo 29, Constitución Nacional de Colombia).

— *Principio del acto*. "Para que una conducta sea punible debe ser típica, antijurídica y culpable" (Artículo 2º. CP).

— *Principio de tipicidad*. "La ley penal definirá el hecho punible de manera inequívoca" (Artículo 3º. CP)

— *Principio de antijuricidad*. "Para que una conducta típica sea punible se requiere que lesione o ponga en peligro, sin justa causa, el interés jurídico tutelado por la ley" (Artículo 4º. CP).

— *Principio de favorabilidad*. "La ley permisiva o favorable, aun cuando sea posterior, se aplicará de preferencia a la restrictiva o desfavorable. Este principio rige también para los que estén condenados" (Artículo 6º. CP).

— *Principio de exclusión de la analogía*. "Salvo las excepciones legales, queda proscrita toda forma de aplicación analógica de la ley penal" (Artículo 7º. CP).

— *Principio de igualdad ante la ley*. "La ley penal se aplicará a las personas sin tener en cuenta consideraciones diferentes a las establecidas en ella" (Artículo 8º. CP).

— *Principio de cosa juzgada* 'non bis in idem'. (No dos veces por lo mismo). "El procesado condenado o absuelto mediante sentencia ejecutoriada, proferida por el juez colombiano, no será sometido a nuevo juzgamiento por el mismo hecho, aun cuando a éste se le dé una denominación distinta" (Artículo 9º. CP). Una persona, por ejemplo, no puede ser sancionada al mismo tiempo por tentativa de homicidio y por lesiones personales, ya que éstas constituyen un elemento esencial de aquélla. En el derecho moderno —como ocurre con muchos garantes— no es de absoluta aceptación este principio, ya que una sentencia puede ser revisada en firme cuando aparecen nuevas pruebas y hechos no conocidos en el momento en que se dictó sentencia; por ejemplo, cuando se logra demostrar que un juez prevaricó o cuando un testigo clave en el proceso confiesa, o se le comprueba que incurrió en falso testimonio.

— *Principio del conocimiento de la ley*. "La ignorancia de la ley penal no sirve de excusa, salvo, las excepciones consignadas en ella. En ningún caso tendrá vigencia antes de su promulgación" (Artículo 10. CP).

En la tradición jurídica, muchos garantes aparecen en forma de máximas, esto es, en forma de proposiciones concisas y lapidarias, admitidas por la experiencia y por la elegancia y profundidad de sus contenidos; con frecuencia se expresan en latín, con lo cual se sugiere que se trata de principios universalmente válidos en todos los sistemas judiciales. "Desde el punto de vista jurídico, se trata de proposiciones que expresan verdades de orden general, que no tienen en cuenta excepciones y que ignoran la evolución del derecho" (Perelman 1976: 86). He aquí una corta lista de ese tipo de garantes:

— *Lex posterior derogat legi priori* (La ley posterior deroga la anterior). Cuando una disposición emanada de una autoridad, o de otra autoridad superior, se opone a otra ley sobre el mismo tópico, la anterior queda implícitamente derogada. Este principio tiene sus excepciones, por ejemplo, cuando en materia criminal se aplica la ley derogada a hechos ocurridos durante su vigencia, siempre y cuando sea favorable a los derechos del sindicado (Principio de favorabilidad).

— *Legis specialis derogat legi generali* (Una ley especial deroga una general). Este garante se puede ilustrar con un ejemplo: las normas del Derecho Penal Militar son normas especiales que priman sobre las del Código Penal, el cual expresa normas generales. Caso similar ocurre con las normas que regulan las funciones de los empleados oficiales, las cuales son de carácter general, y que al intentar aplicarlas, por ejemplo a los docentes, ceden ante las normas especiales consignadas en la Ley General de la Educación en Colombia.

— *In dubio pro reo* o *In dubio pro libertate* (La duda favorece al reo). Este garante se fundamenta en el principio de la presunción de inocencia: ante la duda o falta de evidencias, el juez se decidirá a favor del acusado.

— *Et auditur aletra pars* (Todos los actos procesales deben ser controvertidos). Este garante se fundamenta en un principio universal conocido como "audiencia bilateral" o "principio de contradicción", que no es otra cosa que la igualdad de oportunidades que tienen las partes ante la ley procesal; es decir, en todo proceso se exige darles a los litigantes iguales oportunidades para la defensa de sus intereses.

— *Judex fecundum allicata et probata a partibus judicare debit; quond non est in actis, non est in hoc mundo.* Este principio, válido en todo el derecho probatorio, se refiere a que el juez debe juzgar con arreglo a lo alegado y probado por las partes, porque lo que no consta en autos (expedientes) es como si no existiera.

Indudablemente, muchos de estos garantes jurídicos han perdido su validez en el derecho moderno, sin embargo son utilizados por jueces y litigantes para justificar sus argumentos. Gerhard Struck, en su obra *Argument et lieu comun dans le travail juridique,* opina así sobre los garantes jurídicos, a los que, siguiendo la tradición aristotélica, él denomina *tópicos jurídicos*:

La gran ventaja de los tópicos jurídicos consiste en el hecho de que, en vez de oponer lo dogmático a lo práctico, permiten elaborar una metodología jurídica que se inspira en la práctica, y que guían los razonamientos jurídicos, los cuales, en vez de oponer el derecho a la razón y a la justicia, se esmeran, por el contrario, por conciliarlos (citado por Perelman, 1976: 96).

### Características de los garantes

Oswald Ducrot (1988) señala que un garante (al que él llama *topos*) reúne tres características: se utiliza como si fuese compartido por los interlocutores, se basa en algún principio general y es de carácter gradual. Analicemos cada una de ellas:

*El garante se presenta como si fuese compartido culturalmente*

Además de existir principios estatuidos de obligatorio acatamiento (leyes, normas), existen otros principios (garantes) de orden sociocultural que han sido creados, e igualmente aceptados, como conclusiones que empíricamente resultan lógicas para esa sociedad. De modo que, cuando algún miembro de la comunidad recurre a alguno de esos principios como garante en algún argumento, presume que los otros integrantes de la colectividad lo aceptarán como válido. Por ejemplo, Barranquilla es una ciudad que, ante la ausencia de un buen sistema de alcantarillado para las aguas pluviales, se paraliza durante varias horas cuando llueve torrencialmente, debido a que se forman arroyos tan caudalosos que ponen en peligro la vida de quienes pretendan cruzarlos. Si, por ejemplo, un alumno tiene que presentar un examen programado para las 2:00 p.m., en una universidad de esa ciudad, y el aguacero termina unos veinte minutos antes de esa hora, normalmente él recurre a ese hecho para excusarse por no haberse presentado al examen. El alumno ha recurrido al argumento de la lluvia para justificar su incumplimiento, con la esperanza de que su interlocutor acepte un garante como "Cuando llueve torrencialmente, Barranquilla se paraliza durante más de una hora".

El carácter sociocultural de algunos garantes obliga a ser muy cauteloso en su empleo, porque no siempre es posible derivar de ellos argumentos concluyentes, sino meramente probables. Por eso, el garante en el que el alumno aludido apoyó su argumento para que no se le penalizara por no haberse presentado al examen, no tendría ninguna validez en una ciudad en donde esté resuelto el problema de las aguas pluviales.

*El garante se basa en un principio general*

El garante se basa en un principio general que tenga validez cada vez que se presenten situaciones que, por analogía, se puedan evaluar de forma similar. Según esto el garante que subyace en el argumento del torrencial aguacero en Barranquilla puede resultar aceptable para justificar el incumplimiento de otros deberes (una cita, una promesa, un trabajo a la intemperie). Por eso muchos garantes adquieren la forma de proverbios.

*El garante es de carácter gradual*

En un garante se ponen en relación dos propiedades graduales. En nuestro ejemplo, cuanto más intenso sea el aguacero, mayor validez tendrá el garante que subyace en el argumento del aguacero; y cuanto menos intenso sea el aguacero menos poder persuasivo tendrá ese garante. Según Ducrot, "En la comunicación cotidiana nos servimos con frecuencia del carácter gradual de los topoi (garantes), especialmente cuando tenemos que refutar argumentaciones", (1988: 12). Por eso, el profesor que programó el examen bien podría refutar el argumento del alumno mencionado con un argumento como: "Sí, pero sólo se trató de un pequeño aguacero de unos quince minutos y, además, los arroyos no fueron gran cosa esta vez".

## Tipos de garantes

Los garantes se basan generalmente en tres elementos: en el *ethos* de la fuente, en los afectos y emociones (*pathos*, en la terminología usada por Aristóteles) del destinatario y en hechos o situaciones.

*Garantes basados en el ethos de la fuente*

El auditorio tiende a confiar y a dar mayor credibilidad a un garante cuando procede de una fuente honesta, seria, responsable, digna de prestigio e idónea en el campo en el que argumenta. Por eso, para respaldar sus argumentos los escritores recurren al llamado *argumento de autoridad*, que consiste en invocar lo que dicen o hacen los hombres que gozan de prestigio en algún área del conocimiento. Por esta razón, en numerosos argumentos se cita a Chaïm Perelman, a Karl Popper, a Platón, a Aristóteles, etc. Ejemplo:

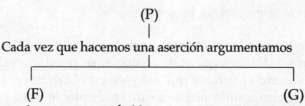

(P)

Cada vez que hacemos una aserción argumentamos

(F) Ducrot dice que cada vez que uno habla, orienta al destinatario hacia determinado sentido, aun en los casos en que no se dé una conclusión precisa.

(G) Ducrot es una fuente digna de confianza en el análisis del discurso y merece credibilidad.

El destinatario de un argumento puede tener razones para no aceptar el garante que se le propone cuando la fuente de argumentación no es de su entera confianza, y por tanto no le inspira credibilidad alguna; es decir, cuando no reconoce el *ethos* de la fuente de argumentación.

*Garantes basados en los afectos del destinatario*

Con frecuencia hacemos cosas y compartimos opiniones y comportamientos porque satisfacen nuestros afectos, porque refuerzan nuestros valores o porque apuntan a nuestros intereses. Por esta razón, numerosos garantes se basan en los valores, emociones e intereses del destinatario. Ejemplo:

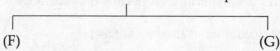

(P)

Nadie puede enseñar realmente nada a otro, en el sentido de implantar conocimientos o técnicas a un estudiante pasivo

(F) Quien aprende debe decidir investigar para colaborar con su propio aprendizaje, documentándose y practicando por sí solo; por que si no, por mucho que trate de enseñársele, no asimilará ningún conocimiento. El papel del docente es el de desarrollar destrezas para que el alumno aprenda por su cuenta.

(G) Nadie aprende nada si no colabora o si se niega a aprender.

## Estructura de un argumento / 81

*Garantes basados en hechos y situaciones*

La realidad es un todo continuo, una red de relaciones. Casi todo evento que tiene lugar en la realidad está ligado o guarda algún tipo de relación con otro. Para McCroskey (1968), en un garante está presente alguno de estos tipos de relaciones:

*Una relación causal*

No hay efecto sin causa. Quien argumenta puede recurrir a un garante que expresa directa o tácitamente un hecho que sirvió de causa para que se produjera un determinado resultado. Ejemplos:

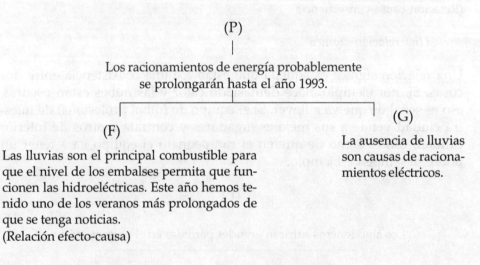

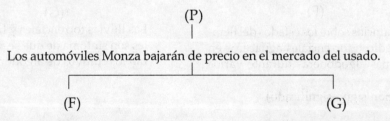

(P)
|
La nueva reforma tributaria aumentará notoriamente el costo
de vida de las clases menos favorecidas económicamente.

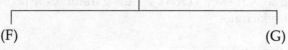

(F)  
La lista de bienes y servicios grava-
dos es tan extensa que los grandes
empresarios trasladan su contribución al precio de los artículos que producen y venden.
(Relación causa-consecuencia

(G)  
Cuando le aumentan el gravamen
sobre la renta a un productor de bienes y servicios, éste reajusta automáticamente su contabilidad.

*Una relación sígnica*

Una relación sígnica es aquella que establece una coexistencia entre dos cosas. Si, por ejemplo, hace demasiado calor y las nubes están oscuras, eso es señal de que va a llover. Si el equipo de fútbol profesional de nuestra ciudad vende a sus mejores jugadores y contrata a otros de inferior calidad, eso es signo de que en el campeonato el equipo va a tener un pobre desempeño. Ejemplo:

Los algodoneros sufrirán grandes pérdidas en el presente año.

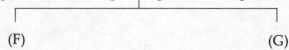

(F)  
Los anuncios sobre los estados del tiempo predicen torrenciales aguaceros en
las zonas algodoneras durante varios
meses.
(Relación signo-significado)

(G)  
Las lluvias torrenciales y frecuentes son síntoma de que se arruina-
rán los cultivos de algodón.

*Una relación por analogía*

Por medio de una analogía se explica algo complejo o abstracto mediante algo simple y específico en virtud de un buen número de semejanzas que comparten las cosas comparadas. Cuando se razona por analogía se asume que si dos cosas son parecidas en su esencia o en su funcionamiento en varios aspectos, probablemente también lo serán en otros. Ejemplo:

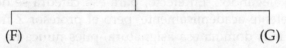

Los requisitos que se tienen en cuenta para contratar al portero de reserva de un equipo de fútbol deben ser los mismos que se le exigen al portero titular.

(F) | (G)
---|---
El portero de reserva debe ser tan competente como el copiloto de una nave, pues del mismo modo como éste debe estar en condiciones de remplazar al capitán en una emergencia, el portero de reserva debe estar preparado para cumplir las mismas funciones del portero titular. | Las situaciones de emergencia que debe enfrentar un suplente son similares a las que debe enfrentar el titular.

(Relación por analogía)

### El rechazo de un garante

Moeschler (1985: 71) cita tres casos en los que un garante puede ser rechazado por el destinatario, y por lo tanto el argumento pierde poder persuasivo.

• El destinatario puede considerar que el garante no es pertinente. Es decir, el destinatario rehúsa la correspondencia entre (G) y (P). Por ejemplo, X afirma que Z no puede ser postulado como alcalde porque tiene un hermano que cumple una pena por narcotráfico y lavado de dólares. El señor X respalda su argumento en este garante: "Solamente las personas honestas y con alta convicción moral deben ser postuladas para ocupar altos cargos en la administración pública". Sin embargo un destinatario que, igualmente comparte este garante bien podría rechazar su aplicación por considerar que no es pertinente, pues quien se postula como alcalde es el señor Z y no su hermano. Y sobre esta base, podría agregar que la conducta del hermano del señor Z no evidencia que él sea igualmente deshonesto.

• El destinatario reconoce la pertinencia del garante, pero rechaza su aplicación. En este caso, el destinatario puede recurrir a una de estas estrategias:

1. Relativiza el alcance del garante al señalar una anomalía en (P). Por ejemplo: a raíz de un concurso académico para seleccionar al mejor

candidato para la cátedra de literatura latinoamericana, en una universidad pública, X afirma que "Esa cátedra se le debería asignar al aspirante Z por ser el que más domina esa materia". El garante que subyace a ese argumento es algo como: "Un concurso docente debe ganarlo la persona que demuestre la mayor competencia académica en la cátedra en la que compite". Sin embargo, alguien que comparte ese garante podría refutar su aplicación alegando: "En efecto, para esa cátedra se debe seleccionar al más competente académicamente, pero el profesor Z no ha demostrado ser quien más domina esa asignatura, pues nunca ha escrito un solo ensayo sobre la materia, ni jamás ha dictado una conferencia ante un auditorio bien informado sobre literatura latinoamericana, privando a otros colegas de la oportunidad de dar testimonio del dominio del que usted habla".

2. Refuta el garante con otro que se le opone. Por ejemplo: X afirma que "El Ministro de Hacienda está equivocado en su política financiera, porque una encuesta realizada demostró que la mayoría del pueblo no comparte sus puntos de vista sobre el impuesto al valor agregado (IVA)". El garante que subyace en este argumento se podría expresar así: "Cientos de cabezas piensan mejor que una". Pero este garante podría ser refutado por alguien que no lo comparta en esta situación, enfrentándole este otro: "La verdad no se determina por votación popular". Ése es el riesgo que se corre al respaldar los argumentos en proverbios que tienen su respectivo contrario.

Los proverbios y refranes conforman un inmenso corpus de garantes que gozan de aceptación universal, se caracterizan por su naturaleza sentenciosa, por su ausencia de solemnidad, porque no son de obligatorio acatamiento, y no pretenden lo justo sino lo útil. Generalmente están matizados con un tono irónico. Los proverbios y refranes pueden resultar oportunos como recurso para persuadir, pero en muchos argumentos pueden ser impugnados con otros proverbios. Tal es el caso de la chica que consideraba la propuesta de matrimonio que le hizo un viudo adinerado que la aventajaba en más de veinte años de edad y al que había conocido en unas vacaciones en Miami. Una tía bien intencionada que estaba a favor de la idea del matrimonio, remató su opinión con este proverbio: "Hay que cortar el heno mientras brilla el sol". La abuela, con más experiencia, que también escuchaba el consejo, de inmediato refutó el garante con este otro: "Cásate aprisa y arrepiéntete pronto", con lo cual aconsejaba que era mejor esperar y conocer mejor al pretendiente de marras. Y es que, mientras un proverbio reza: "Al que madruga, Dios lo ayuda", otro dice: "No por madrugar amanece más temprano"; mientras un refrán dice: "Quien no arriesga un huevo no tiene un pollo", otro aconseja lo contrario: "Más vale prevenir que lamentar".

3. El destinatario acepta el garante, pero rechaza su aplicación particular. Con relación al concurso docente para regentar la cátedra de literatura latinoamericana, X arguye que "Esa cátedra se la merece el profesor Z, porque es un prestigioso filósofo cuyos ensayos se publican en revistas de distintas universidades, y con frecuencia es invitado como expositor en congresos nacionales sobre filosofía". Aquí subyace un garante que es compartido por el interlocutor (En las universidades sólo se deben nombrar profesores idóneos y que produzcan conocimiento). Pero podría refutar el argumento alegando que lo que se necesita es un profesor especializado en literatura latinoamericana y no en filosofía.

Es importante tener en cuenta que rechazar el garante de un argumento no significa un rechazo total de todo el argumento sino de la relación existente entre (P) y (F).

## La concesión (C) y la refutación (R)

En una argumentación normalmente se abordan tópicos controversiales. En la mayoría de los casos, quien argumenta reconoce que existen argumentos opuestos a los que defiende. En muchas ocasiones no es necesario aludir a los argumentos opuestos, pero en otras es imperativo hacerlo para invalidarlos. En el primer caso se trata de *argumentaciones unilaterales*, en el segundo de *argumentaciones bilaterales*.

Se llama concesión (C) al reconocimiento de una posición adversa a la que se defiende. El propósito de este procedimiento dialéctico es mostrar que se conoce esa posición, pero que no se comparte porque se considera demasiado limitada, inconsistente, errada o, en el peor de los casos, falsa, y que, en cambio, hay otra forma mucho más convincente, más racional y más justa de apreciar el mismo hecho. Con esto se muestra que se juega limpio, que se es objetivo en la interpretación y valoración de los hechos y situaciones que se discuten.

La refutación (R) es la parte del argumento en que se invalida o refuta racionalmente la concesión. Una refutación efectiva exige un pleno conocimiento del tema, de los hechos, de la precisión en el manejo del lenguaje y de las categorías utilizadas, y de las posibles falacias utilizadas como parte de los fundamentos en el argumento que se va a impugnar.

La argumentación *unilateral* se limita a sustentar determinados puntos de vista, ignorando los argumentos contrarios a los que se defienden.

Esta modalidad es aceptable cuando el emisor presupone que el auditorio comparte los puntos de vista que se le proponen, en este caso, el propósito de la argumentación es reforzar la adhesión. Pero cuando no se dan estas circunstancias, es preciso decidirse por una *argumentación bilateral*, es decir, por una argumentación en la que además de sustentar una posición se reconoce la existencia de argumentos contrarios a los que se defienden. Ignorar deliberadamente los argumentos de la oposición es peligroso, pues el destinatario tiende a pensar que la fuente no está suficientemente documentada y que ignora la existencia de otros puntos de vista. Veamos algunos ejemplos para ilustrar estos conceptos:

(P)

| Es una tentación interpretar la propagación del Sida como una maldición bíblica. |

(F)

| (C) | (R) |
|---|---|
| Para muchas personas la propagación del Sida es un castigo bíblico similar al de Sodoma y Gomorra, mandado para condenar y purificar a la civilización ganada por el hedonismo. | Quienes así piensan, sin embargo, no son conscientes de lo irracional de una posición basada en temores y leyendas impropios de una civilización moderna. La tesis de la maldición se debilita al preguntarnos, por ejemplo, ¿por qué si el Sida es castigo, quedan indemnes otros crímenes mucho más graves que las prácticas sexuales tales como las violaciones sistemáticas de los derechos humanos, el narcotráfico y el terrorismo? Nadie será tan cerrado que repruebe a los homosexuales más que a los violentos de todo tipo, para que aquéllos y no a éstos corresponda un flagelo divino. La homosexualidad no es delito. ¿Por qué habrían de ensañarse contra ella Dios o los dioses, dejando impunes a los verdaderos criminales? |

"La maldición", editorial de la *Revista Visión*, III, 23,87.

## Estructura de un argumento / 87

**(P)**

Los países que triunfan en sus industrias específicas se caracterizan por un ámbito nacional muy dinámico y de constante desafío, lo cual estimula a las empresas para que perfeccionen y amplíen sus ventajas.

**(F)**

**(C)**

Hay quienes sostienen que la competitividad está en función de la mano de obra barata.

**(R)**

Sin embargo, naciones como Alemania, Suiza y Suecia han prosperado, no obstante los salarios elevados y los largos períodos en que escasea la mano de obra.

Las empresas japonesas han triunfado a nivel internacional en muchas industrias sólo después de sustituir a muchos trabajadores recurriendo a la automatización. La capacidad para competir, a pesar de los salarios altos, representa, al parecer, una meta nacional mucho más deseable.

**(C)**

Otro punto de vista sostiene que la competitividad depende de la abundancia de recursos naturales.

**(R)**

No obstante, en época recientes las naciones que mayor éxito han logrado en el comercio (entre ellas Alemania, Japón, Suiza, Italia y Corea) son países con recursos naturales tan limitados que necesitan importar la mayor parte de sus materias primas. Más aún, en países como Corea, el Reino Unido y Alemania, las regiones pobres en recursos naturales son las que están prosperando.

Michael Porter, "La ventaja competitiva de las naciones", revista *Facetas*.

Con los siguientes esquemas ofrecemos una visión de conjunto acerca de cómo se pueden relacionar en un argumento los elementos (P), (Cd), (G), (F), (C) y (R)

**(P)**
Por un temor infundido a la dependencia y explotación de países capitalistas, numerosos países latinoamericanos legislaron erróneamente en contra de la inversión extranjera, la cual estanca sus economías y condena a millones de latinoamericanos al desempleo y la migración.

**(G)**
Una legislación que no comprende los alcances negativos de su política económica perjudica su propia economía.

**(F)**
Esas legislaciones protegieron a sus países de lo que más necesitaban y menos tenían: la inversión.

La mayor parte de la inversión extranjera de los Estados Unidos, por ejemplo, está en Europa y en Canadá. Y la mayor parte de la inversión de los japoneses y de los europeos, está en los Estados Unidos. Estados Unidos, el país con mayor inversión extranjera en el mundo, tiene once veces más inversión extranjera que México. En 1990 la inversión extranjera acumulada en México apenas rebasó los 30 mil millones de dólares, mientras que en Estados Unidos al finalizar 1987, era cercana a los 350 millones de dólares.

**(C)**
Muchas personas sostienen que la inversión extranjera generará dependencia, explotación, empobrecimiento y descapitalización.

**(R)**
Si así fuese, los países con mayor inversión extranjera deberían ser los más dependientes, explotados, pobres y descapitalizados. Los hechos muestran que los países más adelantados y con mayores niveles de vida son los que tienen una mayor cantidad de inversión extranjera.

## (P)
Ante tanta inseguridad y la inoperancia de los servicios de seguridad del Estado, todos los ciudadanos civiles deberían tener derecho a portar armas.

## (F)
Los servicios de seguridad del Estado no dan abasto para afrontar las altas tasas de violencia de nuestro país.
Si los sectores de mayores ingresos, recurren a sistemas de vigilancia privada contratando escoltas o guardaespaldas, sería mucho más democrático el que todos los ciudadanos honestos puedan portar armas para defender sus honras y bienes.

## (Cd)
A no ser que el gobierno ponga en práctica estrategias mucho más efectivas para contrarrestar la ola de violencia que azota a la población civil.

## (G)
Cuando el Estado no puede garantizar la protección de los ciudadanos, éstos tienen derecho a asumirla por su propia cuenta.

## (P)
Las personas que están a favor de que la población civil porte armas para proteger su honra y bienes no han analizado los alcances negativos de su propuesta.

## (F)
El civil armado no tendría que recurrir al Estado para su protección y de esa manera estaría usurpando el monopolio estatal sobre la fuerza y la justicia.
A la autoridad le resultaría difícil distinguir entre el ciudadano de bien del delincuente si ambos andan armados.
El armamento generalizado se constituirá en un círculo vicioso: el arma, que supuestamente se utilizaría como un elemento de seguridad personal, al extenderse, se convertiría en un estímulo de inseguridad colectiva.
Hay mayores probabilidades de matar cuando se dispone de un arma de fuego. Cuando no se posee un arma, la riña se resuelve con golpes, algo que no es peor ni igual que ocasionar la muerte.

## (G)
La solución de un problema no debe conducir a peores consecuencias de las que éste genera.

## (R)
No es cierto que andar armado signifique mayor seguridad personal. Si no se saben usar diestramente las armas y si no se tiene sangre fría para utilizarlas, de nada servirían. Quien no posea estos dos requisitos estaría en desventaja ante los delincuentes que sí las reúnen.

Álvaro Camacho Guizado, "Lógica e ilógica del desarme", *El Tiempo, Lecturas Dominicales*, 24 de mayo de 1992.

(P)
Hay razones poderosas para que cada día se acentúe más en el mundo civilizado la tendencia a suprimir el jurado de conciencia.

(Cd)
A lo menos en su forma clásica de poder soberano o irresponsable.

(F)
(C) Dícese que el jurado es un reducto de libertad y de activa justicia y que, además, es una buena escuela para el pueblo.
Nada más inexacto. Los jurados viven inclinándose timoratos ante los poderosos del día y ante la facciosa opinión pública.
(R) Dócilmente se rinden a la prensa amarilla y a las pasiones partidistas. Temen a César y a la multitud de puños crispados que reclamen víctimas propiciatorias. Poncio Pilatos si volviera al mundo estaría encantado de pertenecer a un jurado.
Al jurado entraña una justicia bizca, estrábica, que apadrina a los ricos y a los protegidos, para condenar solamente a los desprovistos de fortuna o dejarlos a su propia suerte.
Por su extrema benevolencia, premiando con la impunidad a los peores delincuentes, siempre que tengan un buen abogado que los defienda, el jurado se convirtió en uno de los factores más eficientes de criminalidad y requiere ser abolido.

Tiberio Quintero O., 1977, *Anatomía del Jurado de Conciencia*. Bogotá, Gráficas Venus.

(P)
El sistema penal, es en sí mismo un problema social que debe ser erradicado.

(Cd)
A menos que verdaderamente rehabilite socialmente al infractor.

(F)
— Las armas del sistema penal no cumplen las funciones esperadas; no protegen la vida, la prosperidad ni las relaciones sociales.
— La amenaza mediante normas penales no ha evitado la comisión de delitos o la presentación de conflictos. Por el contrario, ellos se han multiplicado y sofisticado. Es decir, la función

> (G)
> Cuando un sistema penal no cumple con la función por la que ha sido creado debe ser abolido.

— de prevención general no se cumple. El principio de la aplicación igual de la ley penal actúa selectivamente.
— Los poderosos tienen sistemas de inmunidad social o jurídica que los protegen del sistema penal.
— El efecto disuasivo que se le asigna a las penas impuestas no está comprobado. Por el contrario, las investigaciones han demostrado que la aparición del delito no está relacionada con el número de personas encarceladas o con la duración de la pena impuesta, sino con la política, con la visión del hombre en la sociedad y con el funcionamiento general del sistema judicial.

Mauricio Martínez, 1990, *La abolición del sistema penal*, Bogotá, Temis.

### *El rechazo de un argumento*

Quien argumenta no sólo tiene que sustentar su tesis con suficientes argumentos, sino también estar preparado para refutar oportunamente los puntos de vista que no le favorecen. Hay diversas razones por las que un argumento puede ser rechazado. Veamos algunas de carácter general:

• La aceptación del argumento obligaría al destinatario a adoptar puntos de vista que ideológicamente no comparte. Argumentos a favor del comunismo, del islamismo, del catolicismo —para sólo citar tres ejemplos— generalmente no lograrán convencer a mucha gente, e intentar hacerlo es perder el tiempo.

• El argumento enuncia como principio general, como absoluta verdad, lo que sólo es verdadero para ciertas personas o en determinadas circunstancias; por ejemplo, afirmar que "Todos los productos nacionales son de pésima calidad" o que "Los colegios privados ofrecen una mejor formación académica que la que ofrecen los colegios públicos".

• El argumento se apoya en premisas falsas; por ejemplo, "Noam Chomsky es el principal representante del enfoque lógico-semántico" o "Las mejores explicaciones sobre lo que es el significado provienen de los estructuralistas europeos y norteamericanos".

- El principio o garante en el que se apoya la fundamentación no es compartido socio-culturalmente. Por ejemplo, un garante como "Es responsabilidad de la mujer velar en el hogar por la educación de los hijos", es muy probable que no goce de aceptación en nuestra cultura.
- La fuente de argumentación carece de *ethos*. En este caso, lo expresado por quien argumenta resulta totalmente increíble para el destinatario; por ejemplo, cuando un político que se ha caracterizado por enriquecerse ilícitamente a costa del tesoro público presenta su candidatura para un nuevo período legislativo, afirmando: "Pongo a disposición del pueblo toda mi honradez y el único propósito de trabajar por los sectores más necesitados, sacrificando mi bienestar, y mi vida, si es necesario".
- En general, son objeto de rechazo aquellos argumentos que se fundamentan en razonamientos viciados por sí mismos. La clasificación que hace Cicerón de esta clase de razonamientos en su *Arte de la invención*, aún resulta interesante y válida en nuestra época. Para Cicerón, un razonamiento está viciado por sí mismo cuando es:

— *Falso*, por expresar algo visiblemente contra la verdad.

— *Vulgar*, cuando la razón que abarca se puede aplicar a una causa distinta.

— *Frívolo y pueril*, cuando expone alguna bagatela.

— *Sacado de muy lejos*, cuando se remonta hasta los orígenes sin necesidad ("Si nuestro país hubiese sido colonizado por ingleses y no por españoles, hoy nuestras ciudades serían más prósperas").

— *Indecoroso*, cuando defiende ideas indignas.

— *Ofensivo*, cuando hiere la susceptibilidad del auditorio.

— *Inconsecuente*, cuando no está de acuerdo consigo mismo, esto es, se contradice en algún punto.

— *Torpe*, cuando contiene alguna cosa perjudicial a la causa, como cuando el entrenador de un equipo anima a sus jugadores exagerando la fuerza, el sistema y la calidad de los jugadores del equipo rival.

Para finalizar este acápite, vale la pena hacer dos precisiones sobre los seis elementos que conforman un argumento ideal:

- No siempre los seis elementos reseñados están presentes en un argumento. Muchas veces el garante no aparece expreso, pero es tan obvio que el lector puede inferirlo sin mayores problemas con base en su conocimiento del mundo. En otros casos, es tan preciso el alcance de (P) que no es necesario condicionarlo. Por otro lado, cuando el propósito del argumento es acrecentar la adhesión, no siempre es necesario hacer las concesiones y refutaciones del caso. Pero sí hay dos elementos que siempre deben estar expresos en un argumento: (P), esto es, la posición asumida ante el problema, y (F), o sea, una exposición de motivos.

• No existe un orden riguroso en la presentación de estos elementos; su orden puede variar. Primero se pueden exponer los fundamentos y al final se puede expresar, a manera de deducción, el punto de vista defendido; en otros casos se puede comenzar con el punto de vista, a manera de inducción, y seguidamente se realiza la fundamentación. Hay casos en los que ni (P) ni (G) aparecen expresos en el argumento, pero sí están presentes en su estructura profunda, de modo que el destinatario pueda inferirlos adecuadamente. Todo depende del efecto que la fuente quiera lograr en el destinatario y del propósito que tenga en mente.

# 9

# Falacias argumentativas

Tal como hemos apreciado en capítulos anteriores, analizar y escribir argumentos es un proceso de pensamiento crítico complejo mediatizado por el lenguaje. Además de prestar atención al correcto manejo del discurso, hay que ser muy cuidadoso con la claridad, pertinencia, relación y consistencia interna entre las ideas que conforman tanto las conclusiones como su sustentación. En este proceso se cometen muchos errores en el razonamiento al momento de justificar las conclusiones de los argumentos.

Un argumento es defectuoso cuando exhibe una o más de las siguientes anomalías: se apoya en premisas falsas, las premisas no son pertinentes para su conclusión, se omite información relevante muy importante, la sustentación de la conclusión se apoya en una inadecuada interpretación de los hechos y de las evidencias, la conclusión es el resultado de una deducción defectuosa o de una inducción incompleta, falta precisión en el manejo del lenguaje, se apoya más en la emoción que en la razón, se ignoran puntos de vista importantes que se oponen a los que se defienden, hay desorden en la exposición de las ideas, la información de la fuente es deficiente, se basa en ataques personales, se afirma más de lo que se ha probado. Las falacias son razonamientos engañosos que exhiben alguna de las inconsistencias mencionadas anteriormente.

Una falacia es un razonamiento que, aunque formalmente puede dar la impresión de ofrecer una sustentación correcta (y por eso puede resultar persuasivo), contiene en su sustentación alguna trampa, falsedad o engaño al pensamiento. El defecto de este tipo de razonamiento puede radicar en su estructura formal o en el contenido de las premisas. Generalmente, quien argumenta cree que sus razonamientos son coherentes con el punto de vista que defiende; sin embargo, su argumento puede resultar defectuoso, no por fallas en el manejo del discurso, sino por fallas en el razonamiento. La mayoría de estas fallas casi siempre son detectadas a tiempo por el interlocutor cuando se trata de argumentos simples y breves. Pero cuando se trata de argumentos complejos y extensos, pueden pasar desapercibidas sus inconsistencias, aprovechándose de un momento de descuido en la mente del destinatario.

Es importante distinguir entre un error y una falacia. Un juicio falso no necesariamente es una falacia. Por ejemplo, no se puede considerar como falacia el que algunas personas crean que el sexo del niño está determinado por la madre; o que al hervir el agua, se descompone en hidrógeno y oxígeno cuando en verdad, sólo ha cambiado del estado líquido al gaseoso, y en el nuevo estado sigue conformada por dos moléculas de hidrógeno y una de oxígeno. En ambos razonamientos hay un error pero no se trata de falacias. Sólo pueden considerarse como falaces aquellos razonamientos cuyos autores pretenden haber procedido con premisas verdaderas, con garantes o principios aceptados lógica, cultural o científicamente, y de haber obtenido alguna conclusión de acuerdo con alguna regla de inferencia, cuando en realidad no han procedido de esa manera.

Cuando se incurre en una falacia sin el propósito de engañar, sino como resultado de un descuido en el razonamiento, a ésta se le denomina *paralogismo*; cuando se recurre deliberadamente a una falacia con el propósito de engañar o de confundir al destinatario para persuadirlo, se le llama *sofisma*.

> No hay, como se ve, diferencia lógica entre los paralogismos y los sofismas. La mera intencionalidad a que se ha hecho referencia, como ausentes en los primeros y elemento integral en los segundos, es un factor de índole psicológico, y por lo tanto, no susceptible de análisis lógico-formal (Barros, 1970: 1139).

Identificar falacias a tiempo es importante tanto para quien lee o escucha una argumentación, como para quien actúa como fuente de información. Cuando el destinatario ha aprendido a leer y escuchar críticamente, está en mejores condiciones para detectar con claridad tanto los argumentos bien razonados, como la debilidad de aquellos con los que se le pretende convencer. Por otro lado, estará en mejores condiciones para evitarlos a tiempo cuando necesite someter sus argumentos a la consideración de un auditorio.

Hay dos consideraciones que es necesario aclarar oportunamente: 1) la mayor parte de las falacias, más que atentados contra la lógica formal, se originan en fallas retóricas o argumentativas; 2) para evaluar un razonamiento como falacia es necesario considerarlo en el contexto en que es emitido. Cuando un argumento se descontextualiza se tiene una impresión diferente del valor que pueda tener en el discurso de donde ha sido tomado.

En este libro manejamos el concepto de falacia con un sentido genérico, sin especificar si se trata de un paralogismo o de un sofisma. El propósito de este trabajo y el tipo de lector que se tuvo en mente lo permiten. Seguidamente ofrecemos una relación de las falacias argumentativas más usuales en numerosos argumentos. La mayoría de estas falacias tienen nombres en latín, con lo cual se denota que se trata de problemas en el razonamiento de carácter universal.

## Petición de principio *(Petitio principii)*

La petición de principio es una estrategia de persuasión que consiste en inferir una conclusión a partir de alguna premisa que no ha sido debidamente sustentada. Quien recurre a esta falacia se limita a repetir en su conclusión lo mismo que plantea en la premisa de sustentación. Un ejemplo que ilustra esta falacia nos lo proporciona un alumno de una facultad de Derecho que consideraba que el pénsum de la facultad estaba recargado con asignaturas que no eran importantes para la carrera de abogado: "El español es una materia innecesaria en una facultad de Derecho, por lo tanto debería excluirse del currículo de nuestra facultad". El problema del razonamiento anterior radica en que su autor no ha demostrado por qué el español es una asignatura innecesaria en su facultad. Lo único que ha argumentado se puede parafrasear así: "El español es una asignatura innecesaria en la facultad de Derecho, porque es una asignatura innecesaria, y por eso se debería excluir del currículo", lo cual en el fondo constituye un círculo vicioso.

Otra muestra de petición de principio resultó cuando en el contexto de una discusión acerca de los méritos de los candidatos para ocupar la presidencia de la República de Colombia, el simpatizante de un candidato alegó que "El Dr. Serpa es el mejor candidato para ocupar la presidencia de Colombia, por lo tanto es la opción que más le conviene al país". Tal como fue presentado el argumento, es difícil que convenciera a alguien que considerara que el mejor candidato para la presidencia del país era el Dr. Pastrana. No hay duda de que el argumento es deductivamente válido, pero parte del supuesto de que el interlocutor acepta la premisa de que "El Dr. Serpa es el mejor candidato para ocupar la presidencia de la República de Colombia", sin ofrecerle prueba alguna.

Perelman (1989: 187 y 189) ha concluido que "la petición de principio no es una falta contra la lógica formal sino contra la retórica, es decir, una falta de argumentación, ya que en una deducción silogística formalmente correcta, subyace una petición de principio en la medida en que la conclusión ya está implícita en las premisas y se ha invertido el orden de conclusión".

Con la petición de principio se asume precisamente lo que se debe demostrar. El defecto de esta forma de argumentar es que no se ofrecen verdaderas razones para quienes no comparten la conclusión, y si la comparten, no les convence la forma como ha sido obtenida porque en la sustentación no se agrega nada nuevo.

El llamado *círculo vicioso* o *razonamiento circular* es una forma de petición de principio porque en él se invoca como prueba, precisamente lo mismo que se pretende probar. Por ejemplo: "Sabemos que Dios existe porque así reza en la Biblia, y lo que dice la Biblia es cierto porque es la palabra de Dios". A menudo el razonamiento circular se disfraza al parafrasear en la conclusión lo mismo que se afirma en la premisa que lo sustenta. Esta falacia puede pasar desapercibida para el interlocutor, cuando se trata de argumentos complejos y extensos.

## Conclusión inatinente *(Ignoratio elenchi)*

Así se denomina al razonamiento con el que se pretende sustentar una conclusión particular apelando a premisas que no guardan relación con ella. Este tipo de argumento tiene como propósito distraer la mente del interlocutor al apartarlo del problema sobre el cual se argumenta. Con esta estrategia se utilizan premisas que no prueban nada del punto en discusión. Quien recurre a ella, se aparta del tema motivo de la discusión y se concentra en algún aspecto en el que puede argumentar con más facilidad, pero que no es relevante para lo que se discute.

Se incurre en la falacia de la conclusión inatinente cuando la conclusión que se establece no es pertinente con lo que se debería probar, cuando el argumento no justifica su conclusión. A esta falacia también se le conoce con el nombre de "sofisma de distracción".

Así razonó, por ejemplo, el niño que quería justificar su fracaso escolar cuando su padre le interrogó sobre las causas de su bajo rendimiento académico: "Yo no fui el único que perdió el semestre: medio curso también lo perdió; incluso, varios estudiantes que ganaron el semestre tendrán que someterse a cursos remediales en matemáticas y en filosofía".

El fracasado escolar considera que su razonamiento es lógico; pero lo único que en verdad hizo fue evadir el tema de la discusión. De modo similar procedió el director del zoológico de la ciudad cuando, al ser cuestionada su administración por el descuido y muerte de varios animales en un lapso de tres meses, respondió:

> No entiendo la alharaca que han armado algunos sectores de la ciudad por la muerte de algunos animales del zoológico que está bajo mi dirección, mientras que en la ciudad mueren cien o más niños anualmente por negligencia de los servicios de salud, y sobre ese hecho no dicen nada.

Las explicaciones que da el director del zoológico pretenden ser razones a favor de su punto de vista, pero en realidad no dicen nada que lo favorezca. Lamentablemente, este tipo de falacias logran su propósito porque explotan las emociones momentáneas de personas que no se dan cuenta oportunamente de que el persuasor se ha apartado de la esencia de lo que se discute y, en cambio, se limita al análisis de otra situación que, aunque razonable, no sustenta lo que debería. Los políticos con frecuencia recurren a esta estrategia como táctica para evadir preguntas sobre las que no tienen respuestas satisfactorias para la opinión pública.

Por supuesto que algunas evasiones no se pueden considerar como falacias. Hay momentos en los que una persona no está obligada a satisfacer determinadas preguntas que tienen que ver con su vida privada. No siempre quien formula este tipo de preguntas tiene derecho a obtener la información solicitada.

## Falsa relación causal *(Post hoc, ergo propter hoc)*

La frase latina *post hoc, ergo propter hoc* significa literalmente "después de esto, luego esto". Como falacia, consiste en presumir que como un evento ocurrió antes que otro, el primero es la única o verdadera causa del segundo. El propósito de recurrir a esta falacia es convencer al interlocutor de que una causa dominante produjo determinado resultado. Por ejemplo:

> Cinco escritores norteamericanos galardonados con el Premio Nobel de Literatura eran alcohólicos: Faulkner, Hemingway, O´Neill, Sinclair Lewis y John Steinbeck. Fueron, igualmente, adictos al alcohol otros genios de la literatura norteamericana como Edgar Allan Poe, Scott Fitzgerald, Jack London, Thomas Wolfe y Truman Capote. Quien desee producir obras maestras debería experimentar igualmente con el alcohol.

La falacia del argumento anterior radica en que se ofrece como causa dominante de la genialidad literaria el consumo de alcohol, sin tener en cuenta, por ejemplo, que miles de escritores alcohólicos carecen de talento, que, por otra parte, miles de escritores con talento no son necesariamente alcohólicos, y que millones de alcohólicos no son escritores.

Mucha gente desconoce la forma como científicamente funciona el mundo. Para muchas personas, los actos de la naturaleza se basan en razones mágicas o en decisiones tomadas por Dios, lo cual las conduce a conclusiones incorrectas. Por ejemplo, en el Boston de 1775, se consideraba impío ver como simples fenómenos naturales a los rayos y relámpagos, porque eran considerados como signos divinos. Algunos religiosos se oponían por ello a la instalación de pararrayos. En su libro *Religión y ciencia*, Bertrand Russell nos relata una anécdota que ilustra la situación científica de esa época: "En 1775, Massachusetts fue sacudida por un terremoto, el Reverendo Doctor Price, en un sermón publicado, lo atribuía a las puntas de hierro inventadas por el sagaz Mr. Franklin".

En la misma obra, Russell nos relata otra interesante anécdota que ilustra la falacia de la falsa relación causal:

En 1768, los clérigos, e incluso los médicos de Cambridge, consideraban la vacuna como un insolente desafío a la voluntad de Dios. Allí se pronunció un sermón en contra de su aplicación. En 1865, cuando hubo un serio estallido de viruela en Montreal, la parte católica de la población resistió a la vacuna, con el apoyo de su clero. Un sacerdote afirmó: "Si estamos afligidos por la viruela, es porque tuvimos un carnaval el último invierno, festejando la carne, lo que ha ofendido al señor".

En nuestros tiempos todavía hay personas que piensan que "el sida es un castigo de Dios por los pecados cometidos por los desafueros sexuales del hombre"; muchas personas, con fuertes prejuicios raciales y sin un conocimiento de las verdaderas causas del problema, sostienen que "los niños de raza blanca en Estados Unidos desarrollan un mayor rendimiento académico que los de otras razas". De modo que la causa de esta descompensación en los niños de raza negra es obviamente —para ellos— que genéticamente el hombre de raza negra es inferior intelectualmente al hombre blanco, simplemente por eso: por ser negro.

En el discurso cotidiano se ha hecho un hábito escuchar argumentos sustentados con falsas relaciones causales: "Mi hijo perdió el año porque sus profesores le tenían fobia", "Me divorcié de mi esposa porque no me comprendía", "Esta vez perdí el examen de Física porque no me persigné antes de empezar a responderlo", "Amanecí mal del estómago porque anoche, después de haber tomado cervezas y aguardiente, se me ocurrió tomarme una sopa de mondongo antes de acostarme".

La mayoría de las falacias de falsa relación causal ignora que un evento puede ser el resultado de diversas causas, que hay causas que tienen mayor relevancia que otras, y aún más, que muchas veces estas causas son desconocidas para el hombre o no se pueden expresar verbalmente. "Quizá la explicación racional simplista de causa y efecto constituye el mito más peligroso de la humanidad", ha dicho Wilson Bryan Key (1992: 140).

## Falso dilema

Un dilema es una deducción sobre una situación problemática para cuya solución sólo hay dos alternativas (ambas indeseables), una de las cuales debe ser descartada. En el verdadero dilema las dos alternativas son igualmente desventajosas, de modo que cualquier opción que se escoja no es la deseada para resolver el problema, pero no queda otra opción que decidirse por una de ellas.

Los dilemas encierran problemas de los que es difícil escapar con criterios lógico-formales. Así pensaba el profesor de matemáticas que consideraba que si planeaba sus clases en función de los alumnos más sobresalientes corría el riesgo de que la mitad de la clase no la entendería, y si la preparaba en función de los menos sobresalientes, corría el riesgo de que los más aventajados se aburrieran. Lo cual constituye un falso dilema. El profesor sólo ve dos opciones opuestas en la solución de un problema, cuando en realidad puede existir una tercera posibilidad mucho más plausible.

A las dos alternativas de un dilema se le conoce con el nombre de *cuernos* porque con ellos se pretende acorralar al adversario en una controversia. En una argumentación hay dos formas de escapar de los cuernos de un falso dilema:

1. Mostrar que las dos alternativas que se ofrecen para acorralar al adversario de la controversia no son excluyentes y que, por lo tanto, es posible encontrar una tercera salida mucho más adecuada a la solución del problema. Cuando quien desea escapar del dilema es capaz de encontrar una tercera opción plausible para escapar del problema, se dice entonces metafóricamente que se ha "escapado de los cuernos del dilema". Para el caso del profesor de matemáticas aludido, se podría alegar, por ejemplo, que se podrían organizar diferentes actividades para cada grupo sobre el mismo tema, de tal manera que se despierte y mantenga el interés de ambos bandos.

2. Mostrar que una o ambas alternativas no necesariamente conducen a resultados negativos. En este caso, se puede escapar del dilema oponiéndole otro con premisas similares, pero cuya conclusión refuta la conclusión del que lo motivó. A este procedimiento se le denomina *retorsión del dilema*. Muy conocido entre los estudiosos de la lógica, es el caso de retorsión de que fue objeto un sofista (Protágoras), que habiéndole enseñado la ciencia del Derecho a un joven (Evaltes), pactó el pago de la otra mitad de lo acordado por sus servicios para cuando el joven abogado ganase su primer caso.

Al notar que su discípulo no aceptaba la defensa de ningún caso, el maestro lo demandó y de paso le planteó el siguiente dilema: "Ya sea que ganes o pierdas este caso, estarás igualmente obligado a pagarme. Si lo pierdes, deberás pagarme en virtud de la sentencia condenatoria, y si lo ganas estarás igualmente obligado a pagarme, ya que habrás ganado tu primer pleito". Sin embargo, a pesar de lo lógico del razonamiento del maestro, su alumno pudo escapar del dilema planteado retorciéndolo en estos términos: "Todo lo contrario. Si gano el caso, no tengo por qué pagarte en virtud de la sentencia absolutoria. Y si lo pierdo, tampoco debo pagarte, ya que aún no habré ganado mi primer pleito"

Sobre el escape de un dilema, Copy y Cohen se pronuncian en estos términos: "Debe tenerse en mente que no se trata de formas para demostrar que el dilema es inválido sino, más bien, maneras de evitar la aceptación de su conclusión sin cuestionar la validez formal del argumento" (1995: 312).

## Ataque personal (argumento *ad personam* ofensivo)

En la tradición lógica, se le denomina también *argumento ad hominem*. Como falacia, consiste en ofender al adversario mediante ataques personales, en vez de cuestionar los méritos de sus argumentos. Con esta estrategia lo único que se pretende es desprestigiar al oponente y restarle credibilidad a las opiniones que esa persona defiende. A falta de mejores argumentos, quien recurre a esta falacia lo único que en realidad espera es desviar la atención del auditorio de la verdadera esencia de lo que se debate:

> La ley sobre extinción de dominio contra los funcionarios que se aprovechan del erario público, propuesta por el Contralor General de la República, no inspira confianza. No es posible confiar en alguien a quien se le declaró culpable en un juicio por porte ilegal de marihuana, aun cuando alegase que se trataba de una dosis personal.

En el ejemplo anterior se aprecia una clara falacia *ad personam*. Lo que se está cuestionando en el Contralor General de la Nación —haber sido procesado por porte ilegal de marihuana para su uso personal— es irrelevante con su proyecto de ley. Para descalificar las opiniones del Contralor, su oponente tenía que demostrar por qué las tesis de aquél no son dignas de confianza. Una práctica periodística —con propósitos políticos— muy usada por periodistas interesados en desacreditar a alguna persona pública, consiste precisamente en exhibir el pronturario de alguno de sus familiares o amigos íntimos, aunque sea claro que no siempre el aludido tiene responsabilidad alguna en los actos que otros realizaron o en las actitudes que asumieron ante determinadas acciones.

Una forma de ataque personal muy utilizada cuando escasean los buenos argumentos, se realiza mediante la apelación a epítetos despectivos. Calificar al oponente de "reaccionario", "izquierdista", "oportunista", "retrógrado", "estúpido", "homosexual", etc., no dice nada como argumento. Lo que pretenden quienes recurren a esta estratagema es que una persona con tales defectos no puede tener la razón. Pero los ataques personales sólo descalifican al atacante. Cuando Pedro habla despectivamente de Juan, sabemos más de Pedro que de Juan. A pesar de lo deshonesto de la estrategia, mucha gente es persuadida con este procedimiento, pues a los seres humanos con frecuencia nos resulta difícil separar una opinión de la persona que la expresa.

El siguiente aparte del discurso con que un político local se defendía en el Concejo de los ataques de un político de la oposición es una evidencia de la acogida que tiene esta falacia entre las clases políticas:

> Quiero referirme a las declaraciones de *un personaje oscuro* de la política nacional que ha dicho a los medios de información que va a solicitar la revocatoria del mandato de algunos concejales de Barranquilla, entre los cuales me mencionó. Quiero plantear el debate con ese señor con elegancia, con personalidad, con respeto por el interlocutor, cuando éste se merece respeto. Por ser el Concejo de Barranquilla el más importante de la costa caribe colombiana, es apenas lógico que *cualquier loquito, paranoico e irresponsable* que quiera hacer protagonismo político, y que quiera salir en los medios de comunicación, tiene que arremeter contra el Concejo. Ese señor no es más que *un hablador de burundanga* al que desafío a que venga al Concejo a acusarme y que acepto su debate en el terreno que él quiera.

Como puede apreciarse en el pseudoargumento anterior, su autor no ha hecho nada diferente a tratar de desacreditar a la persona a quien pretende refutar.

Pero no siempre que se cuestiona la persona de quien ofrece un argumento estamos ante un caso de ataque personal. Por eso las falacias no se pueden considerar como tales en abstracto, sino en las circunstancias en que se producen. En los estrados judiciales es necesario cuestionar la credibilidad y la honorabilidad de algunas personas. Cuando alguien testimonia en un juicio, precisamente lo que está en entredicho es la honorabilidad del testigo. En esas circunstancias es legítimo poner en tela de juicio el *ethos* de algunas fuentes. Para garantizar la confiabilidad en un testimonio en un proceso, además de una valoración racional de los hechos (¿Cómo ocurrieron? ¿En qué circunstancias o condiciones fueron percibidos?), también es necesario evaluar las cualidades personales de quien testimonia (antecedentes personales, profesionales, éticos). Por ejemplo, el testimonio de un enemigo del implicado, o de alguien con un extenso prontuario delictivo, o con limitaciones para apreciar los hechos (muy común en los drogadictos y en los enajenados mentales), son motivos de desconfianza para la contraparte del caso. De ahí que, en muchas ocasiones, resulten situaciones particulares, en las que la evaluación de la persona, más que sus puntos de vista, esté justificada al poner en duda su testimonio. Por eso en los procesos judiciales se permite que la defensa o la parte acusatoria minimicen la credibilidad de determinados testimonios.

## Apelación a la piedad y a las emociones
*(Ad misericordiam)*

Además de servir como instrumento de comunicación, el lenguaje también cumple —entre otras— una función reguladora; es decir, una función orientada a regular o manipular las acciones, el pensamiento y las actitudes de las personas. En ocasiones, quien argumenta recurre a palabras y frases cargadas de una marcada fuerza emotiva dirigidas más a las emociones y sentimientos del auditorio que a su raciocinio, con el propósito de que acepte o comparta determinadas posiciones. Para ello, el persuasor recurre a actos de habla que denotan lisonja, alarma, piedad o compasión.

Para que un razonamiento sea convincente debe estar sustentado racionalmente. Pero cuando, a falta de razones relevantes con lo que pretende, la fuente de argumentación apela exclusivamente a la piedad o compasión del auditorio para manipularlo sentimentalmente, incurre en la falacia *ad misericordiam*. El persuasor sabe que los seres humanos son propensos a sentir piedad, a asustarse, a sentirse complacidos cuando realizan buenas obras o, por el contrario, a sentirse incómodos cuando proceden mal ante determinadas conductas humanas. La estrategia consiste en presentar algo al auditorio, y hacerlo ver como justo y razonable, sin aportar razones ni evidencias.

Hablando metafóricamente, con esta estrategia los argumentos están dirigidos al corazón y no al cerebro del auditorio. Así razonaba, por ejemplo, el abogado de la defensa de un inculpado de homicidio:

> Sí, mi cliente privó accidentalmente de la vida al señor X. Pero esa no era su intención... sólo quería quitarle su dinero, y el occiso se resistió... el arma se disparó accidentalmente... y ya saben lo que lamentablemente sucedió. Pero mi cliente no lo hizo por placer. Sus hijos no tenían nada que comer. Ustedes no comprenden lo horrible que es ver a los hijos acostarse sin tener nada que comer. ¿Son ustedes, señores jurados, conscientes de la suerte que van a correr los hijos de este desgraciado hombre? ¿Qué oportunidades le ofreció el sistema a mi defendido para ahora exigir que se le aplique la máxima pena? ¿Quién va responsabilizarse por la alimentación y educación de los menores de edad cuyo mayor pecado fue haber nacido en un hogar al que la vida y el Estado le negaron todo?

En los estrados judiciales muchos abogados de la defensa recurren con frecuencia a argumentos en los que apelan a la compasión para conmover al jurado o a los jueces a favor de sus defendidos, ya sea para lograr una sentencia absolutoria o, por lo menos, una pena mínima.

Cuando las emociones y los sentimientos se imponen sobre lo racional, se enfatizan y exageran pequeñas fallas, al ser presentadas como defectos monumentales, y, por otro lado, se ignoran o minimizan aspectos positivos muy importantes. Copy y Cohen señalan que "Jugar con las emociones en lugar de apelar a la razón es un recurso muy común de quienes quieren salir ganando con la distorsión de la verdad", (1995: 123).

Cuando la fundamentación de un argumento se apoya principalmente en las emociones y en los sentimientos, la forma de razonar resulta afectada negativamente, lo cual puede conducir a dos defectos:

1. El énfasis en las emociones tiende a ofrecer una visión demasiado estrecha del problema. Argumentar que la causa por la que X asesinó a Z hay que buscarla en un sistema que le negó la oportunidad de vivir en un hogar digno, de tener acceso a una buena educación y asimilar valores que le hubieran permitido ser un mejor ciudadano, etc., es ofrecer una versión demasiado reducida e incompleta del problema. Con este criterio se podrían justificar los crímenes que pudieran cometer todas aquellas personas que hayan experimentado vivencias similares. El garante que subyace en esta clase de argumento es que "El crimen justifica a todo aquel que ha sufrido los males de la sociedad". Cuando existe un marca-

do predominio de las emociones sobre las razones, se corre el riesgo de conceder demasiada libertad a los prejuicios.

2. Apelar a las emociones y sentimientos tiende a romper la unidad de la argumentación. Con frecuencia, nuestras emociones y sentimientos nos apartan inconscientemente de la esencia de lo que se discute, lo cual trae como consecuencia que los argumentos carezcan de unidad. Las masas, los jurados, los jueces o los profesores, con frecuencia ceden sentimentalmente ante las pretensiones de quien apela a su piedad, haciéndoles ignorar la esencia de lo que se debate. Los argumentos basados en emociones fuertes pueden resultar fatales. Entre más emociones y sentimientos predominen en los argumentos, habrá mayores posibilidades de dejar información relevante y valiosa sobre el tema por fuera de la discusión y, en cambio, se insistirá en ideas que no tienen mucho que ver con lo que se discute.

Como ocurre con muchas falacias, la apelación a la piedad y a las emociones no es una falacia por sí misma. Hay ocasiones en las que la apelación a la compasión está justificada. Cuando, por ejemplo, una organización filantrópica necesita recolectar fondos para un asilo de ancianos, es apropiado y digno de loa que la persuasión se oriente hacia los afectos y sentimientos del auditorio.

Pero como falacia, la apelación a las emociones teje una cortina de humo ante el auditorio, lo cual dificulta apreciar con claridad los argumentos que verdaderamente se esgrimen a favor de algo. Detrás de esa cortina, es factible que haya conclusiones que no le aportan nada a lo que se debate.

Ahora, no se trata de que las emociones y las razones no puedan existir simultáneamente en un acto de pensamiento, sino de que en un buen argumento debe haber un predominio de lo racional sobre lo emocional. Si los seres humanos no pudieran experimentar fuertes emociones acerca de algo que les afecte, pero al mismo tiempo ser capaces de proceder razonablemente sobre el caso, nunca podrían enfrentar graves crisis. Es natural, por ejemplo, sentir miedo mientras nuestro vehículo comienza a incendiarse por causa de alguna falla en su sistema eléctrico, o sentir pavor mientras un terremoto o una avalancha de lodo ponen en peligro de muerte a los habitantes del poblado, o sentir un dolor intenso cuando nos abandona un ser querido, pero aunque nuestras emociones a menudo afectan negativamente nuestra forma de razonar, eso no debería ser motivo para pensar con torpeza y cometer alguna locura.

Con frecuencia, los seres humanos razonamos por debajo de las mejores posibilidades. En nuestro afán por convencer o persuadir, muchas veces involucramos en el discurso factores emotivos que consideramos lógicos, razonables, pero que en verdad no lo son; de ahí las frecuentes polémicas que se originan al tratar de justificar nuestras posiciones. Los debates políticos, las discusiones sobre asuntos deportivos y judiciales ofrecen un magnífico corpus que ilustran este tipo de falacia.

## Falsa analogía

Se razona por analogía cuando se sacan algunas conclusiones de algo poco conocido asociándolo con algo más conocido, en virtud de un grupo de similitudes que guardan entre sí ambas cosas, ya sea en su esencia, en su funcionamiento o en su apariencia. Una analogía es un símil extendido en el que la comparación se da en términos de relaciones. Veamos un ejemplo:

> La lógica es el estudio de los métodos y principios que se usan para distinguir el razonamiento bueno (correcto) del malo (incorrecto). Esta definición no implica que sólo el estudiante de lógica puede razonar bien o correctamente. Pensar así es tan erróneo como creer que para correr bien se requiere estudiar la física y la fisiología asociadas con esa actividad. Algunos atletas excelentes ignoran por completo los procesos complejos que tienen lugar en el interior de su cuerpo cuando están compitiendo. Sobra decir que los viejos profesores que saben mucho al respecto no se atreverían a incursionar en el terreno atlético. Aun con el mismo aparato nervioso y muscular básico, la persona que posee tales conocimientos no puede sobrepasar al atleta natural.
> Pero dada la misma inteligencia nata, es más probable que una persona que ha estudiado lógica razone correctamente y menos probable que así razone una persona que nunca ha reflexionado acerca de los principios generales involucrados en esa actividad (Copy y Cohen, 1995: 17).

En el pasaje anterior los autores han recurrido con mucha propiedad a una analogía como recurso retórico para exponer el alcance de la lógica. Para tal efecto, sólo aludieron a los rasgos más relevantes y necesarios, para ilustrar que de la misma forma como el conocimiento de la física y de la fisiología no garantizan el éxito como atleta, el estudio de la lógica por sí misma no garantiza que se pueda ser un pensador eficaz.

A menudo recurrimos a una analogía para explicar o ilustrar principios generales asociándolos con algo mucho más simple que funcione con principios similares. En las explicaciones científicas para públicos no especializados se recurre mucho a este procedimiento. Cuando las analogías no exceden los términos de la comparación, resultan recursos explicativos apropiados. Pero cuando la analogía se excede en su alcance, apoyándose en suposiciones cuestionables, el razonamiento puede resultar falaz, porque hay un punto en el que la similitud desaparece. Tal es el caso de una esposa que se quejaba por el comportamiento autoritario y represivo de su esposo en el manejo de las decisiones del hogar. El marido justificaba así su actitud: "El hogar es como un barco cuyo capitán determina el rumbo para llegar a puerto seguro. Donde manda capitán no manda marinero. De modo que la tripulación debe confiar y obedecer las órdenes de su capitán".

El injusto esposo ha incurrido en la falacia de la falsa analogía para justificar su actitud autoritaria y represiva. El marido se ha extralimitado en su analogía: el tipo de relaciones que mantiene el capitán de un barco con su tripulación no es del mismo orden del que guardan marido y mujer. En el barco, el capitán puede mantener una disciplina férrea, porque las características de su cargo así lo permiten. En cambio, en un hogar las cosas funcionan de una manera diferente: tanto el esposo como la esposa deben estar en condiciones de tomar decisiones, de compartir responsabilidades; con el matrimonio se establece una sociedad conyugal en la que ambas partes tienen iguales derechos y deberes. Por otro lado, los barcos se desplazan constantemente de un lugar a otro, los hogares no. Con seguridad el lector podrá encontrar más diferencias que semejanzas con que refutar la analogía del esposo-capitán.

Las analogías no demuestran nada, solamente son útiles como estrategias expositivas. El esquema de un argumento por analogía es:

X tiene los rasgos a, b
Y tiene los rasgos a, b, c ...
Pero Y también tiene los rasgos n, s, z.
Por lo tanto, X también tiene los rasgos n, s, z.

Pero esto no justifica la creencia de que las características n, s, z están presentes tanto en X como en Y. Si eso no se puede demostrar, se trata de una mera adivinación. Esto es así porque al margen de las similitudes que se puedan detectar entre dos cosas diferentes, es natural que entre ellas también existan numerosas diferencias.

Para invalidar un argumento por analogía se puede recurrir a dos procedimientos:

1. Señalar qué similitudes aportadas no son verdaderas similitudes. Si ello es posible, basta con señalar la debilidad de la analogía. El caso del esposo-capitán ilustra este procedimiento. Aunque se puedan apreciar algunas similitudes, siempre habrá diferencias importantes que son deliberadamente ignoradas por parte de quien argumenta.

2. Impugnar la generalización que se plantea en la analogía. La impugnación consiste, ahora, en no aceptar la conclusión porque procede de una premisa demasiado general. A pesar de que los objetos X y Z sean redondos, el que X sea áspero, no implica que Z también lo sea. Si, por ejemplo, alguien afirma que "Las membranas del estómago son tan delicadas como las de los ojos. Si usted quiere tener una idea de los efectos del limón sobre su estómago, sólo échese unas cuantas gotas dentro de un ojo". Con la anterior analogía se pretende demostrar que cualquier sustancia que le produzca daño a las membranas oculares, igualmente le producirá daños a las membranas estomacales. Si semejante generalización fuese cierta, la limonada sería contraproducente para la salud. Se incurrió en la falacia de inferir, a partir de similitudes particulares entre dos cosas (mucosas gástricas y mucosas oculares), una semejanza que en verdad no existe.

## Prejuicios por asociación y estereotipos

Un estereotipo es un conjunto de creencias o sentimientos acerca de los atributos asignados a un grupo; un prejuicio es el desafecto o la evaluación negativa hacia un grupo. Los estereotipos generalmente están asociados con los prejuicios. Tanto los estereotipos como los prejuicios pueden degenerar en razonamientos falaces cuando la fuente de argumentación recurre a sus impresiones positivas o negativas como fundamento de sus argumentos. Se incurre en esta falacia, por ejemplo cuando se afirma que "No es prudente nombrar a un costeño como Ministro de Trabajo, porque los costeños son perezosos". Este argumento sólo se limita a expresar el prejuicio negativo que tiene su autor hacia los costeños; con ello espera contagiar a su interlocutor para que también los rechace "porque son perezosos".

Cuando las simpatías o las antipatías interfieren en los razonamientos de quien argumenta, lo único que logra es asociar sus sentimientos positivos o negativos hacia algo que otras personas, probablemente, aprecian de otra manera. Quienes ven las personas, lugares u objetos en términos de estereotipos piensan que todos los negros tienen un bajo coeficiente intelectual, que todos los judíos son avaros, que los argentinos son fanfarrones, que los colombianos son narcotraficantes, que los bogotanos son hipócritas, los costeños perezosos y los pastusos tontos. Existen diversos centros de atracción para la formación de estereotipos, como la raza, la nacionalidad, el sexo, las profesiones, la religión, etc. La mayor parte de nuestros prejuicios y estereotipos los hemos heredado en forma acrítica de nuestros padres, profesores, amigos y de los grupos con los que nos identificamos. Los seres humanos, en general, tendemos a crearnos estereotipos positivos sobre los grupos a los que pertenecemos o admiramos, y a formarnos estereotipos negativos de aquellos que pertenecen a otros grupos: "los miembros de mi bando son inteligentes, honestos, bondadosos..., los malos son los del otro bando".

Los estereotipos son engañosos. Si pretendemos demostrar la contundencia de un estereotipo, concluiremos que sólo confirman unas pocas muestras. Lo único que se logra con los estereotipos y los prejuicios es impedir que se conozca cómo son realmente las personas, y crear recelos y adversiones absurdas.

Cuando se analizan racionalmente las conductas negativas, es fácil darse cuenta de que muchos rasgos indeseables en algunos grupos tienen como principales causas las diferencias culturales, la pobreza, y la falta de oportunidades para educarse y vivir decentemente. Por otro lado, no hay que ignorar fácilmente el proverbio que reza: "En todas partes se cuecen habas".

### Falso consenso o instinto de la manada

Con esta clase de argumento se asume que cuando mucha gente está de acuerdo sobre algún tema o punto en discusión, ellos tienen la razón. No toda apelación al consenso es falaz. Una conclusión ampliamente compartida puede ser correcta. Si la mayoría de los entendidos en fútbol consideran que Maradona fue un excelente futbolista, esto puede aceptarse como evidencia de que el argentino fue un excelente futbolista. Pero la apelación al consenso a menudo resulta incorrecta. Como falacia, la apelación al consenso consiste en pretender respaldar la conclusión de un argumento tomando como referencia lo que dice, hace o piensa la mayoría de las personas, sin tener en consideración que muchas veces la opinión mayoritaria puede estar equivocada, especialmente cuando no es experta en lo que se discute. La sociedad nos ha condicionado para aceptar —y repetir— lo que dicen las personas que se suponen instruidas, porque uno tiende a creer que han construido algo valioso, y que tanta gente instruida no se puede equivocar. Las ideas de Aristóteles sobre física, por ejemplo, fueron respetadas y repetidas, incluso por gente inteligente durante unos trece siglos, sin embargo, a partir de las investigaciones de Galileo, se comprobó que Aristóteles pudo haber sido un gran filósofo, pero no un buen físico. La verdad científica no puede definirse por votación popular. "Un águila ve más que cien búhos", expresa sabiamente el proverbio.

Nadie puede garantizar que las decisiones mayoritarias sean correctas. La idea de que "el pueblo no se equivoca" o que "el pueblo siempre tiene la razón", son afirmaciones constantemente desmentidas por la realidad. La elección de muchos presidentes, alcaldes, gobernadores, representantes y senadores así lo demuestra.

Con mucha frecuencia nuestros paradigmas nos ciegan a tal punto que sólo nos permiten ver lo que el grupo nos acostumbró a ver. La historia de la humanidad registra cientos de casos que ilustran el hecho de que alguien reflexionó de una forma diferente y mucho más rigurosa que como lo hacía la comunidad científica de su época, logrando demostrar las inconsistencias en el modo de pensar de la mayoría. Famosos son los casos de Copérnico, Galileo, Colón, que en su momento fueron tildados de locos y algunos fueron, incluso, amenazados por la Inquisición por pensar de manera diferente a como lo hacía la mayoría de la gente. Los paradigmas que manejaba el hombre de la Edad Media y del Renacimiento le impedían, por ejemplo, aceptar la redondez de la tierra. Cuando los hombres miraban hacia la línea del horizonte, su paradigma sólo les permitía ver que la tierra era plana. Durante muchos años se pensó que los objetos pesados caían al suelo más rápidamente que los más livianos. Galileo, sin embargo, demostró, al dejar caer objetos de diversos pesos desde la Torre de Pisa, que todos los objetos —sin importar su peso— son atraídos por la tierra a la misma velocidad. Situaciones como éstas permiten concluir que es muy probable que, incluso hoy en día, la humanidad todavía tenga que recurrir a falacias para intentar una explicación científica del mundo.

La falacia del falso consenso está asociada con el sentido común, el cual no siempre tiene acceso a la esencia más profunda de los hechos, como es propio del proceder científico. La mayor parte de los acontecimientos naturales son más complicados de lo que parecen. A menudo no percibimos sino una insignificante parte de lo que sucede en nuestra realidad; de ahí que no es de extrañarse el hecho de que exista un considerable margen de error en nuestros razonamientos, originado en un desconocimiento científico del mundo, de los hechos y de sus relaciones con otros eventos.

## Apelación a la ignorancia (*Ad ignorantiam*)

En muchas ocasiones, la razón que ofrecen algunas personas para respaldar sus argumentos se apoya en su propia ignorancia sobre el tema; es decir, apelan a la ignorancia como forma razonable. He aquí un par de ejemplos:

— No es posible que exista vida inteligente en otros planetas diferentes al nuestro, ya que la ciencia aún no lo ha demostrado.
— La existencia de Dios es un mito, pues científicamente no es posible demostrarla.

Lo falaz de estos razonamientos se manifiesta fácilmente al retorcerlos de tal manera que la misma apelación a la ignorancia se utiliza para sustentar la tesis opuesta. Es decir, si tampoco se ha demostrado la inexistencia de la vida inteligente en todas las galaxias, es porque sí existe vida inteligente en algún otro planeta diferente al nuestro. O, según el segundo ejemplo, si la ciencia tampoco está en condiciones de comprender y demostrar la inexistencia de Dios, se infiere que no se puede dudar de su existencia.

La incapacidad para sustentar o refutar una tesis no determina su falsedad o su veracidad. Gómez (1993: 101) se refiere en estos términos a este fenómeno: "Considerar que la falta de prueba o de refutación es una clase de evidencia, es trivializar e inutilizar la noción de evidencia".

Cuando no se tienen evidencias para sustentar o refutar un punto de vista es preferible mantenerse neutral, pues de lo contrario sólo estaremos demostrando nuestra propia ignorancia sobre un tema. La dificultad o la incapacidad para sustentar o refutar un argumento no determina ni su falsedad ni su veracidad. Tal vez por esta razón en Derecho existe un principio rector según el cual "toda persona se presume inocente mientras no exista contra ella alguna sentencia condenatoria debidamente ejecutoriada relativa a su responsabilidad penal". "En este contexto especial, la apelación a la ignorancia es apropiada. Este principio es adoptado por la mayoría de los sistemas jurídicos democráticos, porque en ellos se reconoce que el error de condenar a un inocente es más terrible que el de absolver a un culpable" (Copy y Cohen, 1995: 129).

## Conclusiones o inducciones precipitadas

La inducción es un tipo de razonamiento en el que el pensamiento se desplaza de lo específico a lo general, del efecto a la causa. En el cerebro se produce un desplazamiento a partir de casos específicos o ejemplos ilustrativos hacia una conclusión que pretende ser válida para todos los hechos observados, y hacerla extensiva para otros no observados en los que se aprecie una similitud por analogía. Si el hombre no fuese capaz de generalizar, de ir más allá de las experiencias observadas, no sería capaz de captar los principios que rigen la organización del universo, pero cuando no se cuenta con el suficiente número de evidencias se incurre en una inducción precipitada. Un solo detalle no es suficiente para llegar a una conclusión.

El problema del razonamiento por inducción es que no siempre se pueden demostrar empíricamente las premisas obtenidas. La conclusión a la que se llega por inducción es demasiado general con relación a las premisas en que se apoya. Una conclusión como "Todos los grandes atletas consumen esteroides", es una generalización que puede apoyarse en unos cincuenta casos pero, como conclusión, cobija a todos los grandes atletas, sin excluir a ninguno.

Cuando se llega a una generalización a partir de un grupo pequeño de instancias, se razona de acuerdo con el principio que dice: "Toda instancia de una generalización es evidencia positiva de que la generalización es correcta". Sin embargo, una sola instancia no puede demostrar que la generalización sea correcta. Un cisne negro no es suficiente evidencia de que la mayoría lo sea; "Una sola golondrina no hace verano", reza el proverbio que la sabiduría popular ha creado para aludir a esta falacia. Aunque relevante con la conclusión, cuando una generalización se apoya prematuramente en instancias insuficientes, corre el riesgo de ser falaz, porque no podrá tener acceso a todos los hechos que guardan relación con la situación que se evalúa. Por eso muchas conclusiones prematuras conducen a la calumnia. Decir, por ejemplo, "El médico X es un mal cirujano" porque dos de sus pacientes murieron en plena operación, o que "El señor Z le es infiel a su esposa" sólo porque alguien lo vio acompañado de una hermosa dama en su vehículo, son casos de conclusiones prematuras. Un buen comprador no juzga la calidad de los mangos de un canasto por los que ve arriba, sino que se interesa también por saber cómo están los de la mitad y los de abajo. Tratándose de frutas, las personas generalmente actúan como si les interesase conocer la verdad, pero cuando se trata de evaluar conductas humanas, no siempre se procede de la misma manera, porque con frecuencia los prejuicios se imponen al momento de juzgar la verdad de esos comportamientos.

Cuando llegamos a una conclusión tomando como premisas instancias atípicas, evidencias insuficientes o incompletas, o algún rasgo que sólo es atinente parcialmente con lo que se generaliza, incurrimos en la falacia de creer que aquello que puede ser verdadero en un caso particular también lo es en todas las ocasiones pasadas, presentes y futuras.

## Sofisma del consecuente

Esta falacia consiste en pretender mostrar que entre dos proposiciones hay una relación lógica, que en verdad no existe; es decir, inferir conclusiones que no se desprenden lógicamente de las premisas. En el siglo XIX, por ejemplo, no se recomendaba que los jóvenes leyeran *Werther*, la famosa novela de Goethe, porque corrían el riesgo de imitar la conducta del personaje central (Werther), quien se suicida al no poder realizar el sueño de ser correspondido por la mujer que ama (se trata de una mujer casada con uno de sus amigos). La falacia consiste en ver las olas de suicidios de los jóvenes de la época sin tener en cuenta sus predisposiciones suicidas, sin analizar las verdaderas causas, sino exclusivamente como resultado de la lectura de obras como *Werther*. No porque una casa se derrumbe, se puede concluir que hubo un terremoto.

Otra variante de esta falacia consiste en inferir una conclusión a partir de hipótesis o enunciados condicionales demasiado especulativas o que ya no se pueden demostrar. En estos enunciados se establece una relación condicional entre dos eventos: uno de ellos (normalmente el segundo) expresa lo que ocurriría si se dan determinadas condiciones; por ejemplo, "Si su recomendado domina el inglés, lo nombramos para ese cargo". En estos razonamientos se llama *antecedente*, al enunciado que expresa la condición ("Si su recomendado domina el inglés"), y *consecuente* a la expresión que expresa la consecuencia o posible resultado (lo nombramos para ese cargo). La estructura formal de este tipo de razonamiento es: "Si A, entonces B".

Pero cuando se concluye que por haberse dado el resultado B, es porque precisamente se dio la condición A, se incurre en la falacia de la *afirmación del consecuente*. Por ejemplo, "Cuando llueve torrencialmente en la ciudad, más o menos una hora antes de comenzar las clases, los alumnos no asisten a la universidad. Los alumnos no se han presentado al examen de física, luego llovió torrencialmente en la ciudad".

## Falsa presuposición o pregunta compleja

La falsa presuposición, también conocida como *falacia de la pregunta compleja*, es una pregunta cuya respuesta afirmativa o negativa confirma la esencia de lo que en ella se cuestiona. Se trata de una falsa pregunta porque con ella se solicita la confirmación de algo que no ha sido aceptado como verdad. Por ejemplo, la pregunta que formula un juez de familia a un esposo que ha sido acusado por golpear con frecuencia a su esposa:

¿Todavía usted maltrata físicamente a su esposa cuando ella llega tarde a casa?

Si el implicado responde afirmativamente la pregunta, reconoce el hecho que se le imputa. Y si la responde negativamente ("No, señor Juez"), acepta de igual manera, implícitamente, lo que se quiere comprobar: que acostumbra golpear a su esposa, sólo niega las circunstancias (cuando llega tarde a casa).

Este tipo de preguntas es muy usual en los interrogatorios policiales y judiciales y en las discusiones familiares. Veamos un caso usual en una discusión familiar:

¿No te avergüenza que tus hijos se lleguen a enterar de tus relaciones con Magola? (De una esposa que sospecha que su marido le es infiel).

Si el esposo responde afirmativamente ("Claro que sí") acepta que sí le avergonzaría esa situación, pero igualmente aceptaría su infidelidad. Y si responde negativamente ("Por supuesto que no"), ya no hay nada que lo salve, pues con ello confirma las dos partes de la acusación (la falta de vergüenza y la infidelidad).

Las preguntas complejas dan por sentado de antemano que quien las va a responder acepta lo que en ellas se cuestiona. Cuando se responde una pregunta compleja parece que se consiente algo que normalmente no se aceptaría como tal ("¿Por qué las personas de raza negra tienen un bajo coeficiente intelectual?", "¿Por qué los egresados de facultades nocturnas salen tan mal preparados de la universidad?").

Por eso, para eludir una falsa presuposición, en vez de responder con un "sí" o con un "no", es recomendable expresar primero si se está de acuerdo o en desacuerdo con lo que se presume en la pregunta. Por ejemplo, en el caso del esposo acusado de infidelidad: "Yo no tengo por que sentirme avergonzado de lo que no he hecho. Yo jamás he tenido relaciones con Magola diferentes a las laborales". Para mostrar lo injusto de la pregunta también se podría responder con otra pregunta compleja: "¿No te sientes avergonzada de ti misma al recurrir a esta estratagema para que yo me sienta avergonzado?"

## Falacia del accidente

Se incurre en esta falacia cuando se aplica una regla generalmente aceptada a un caso particular, cuyas circunstancias accidentales no hacen viable la aplicación de esa regla porque surgen factores que no estaban previstos en la norma. Se trata de un salto brusco de lo general a lo particular. Por ejemplo:

> Los izquierdistas odian a los norteamericanos. Como tu eres izquierdista, debes odiar al marido de Clara, que es norteamericano.

En esta falacia incurren a menudo los moralistas que tratan de evaluar todas las cuestiones éticas aplicando reglas generales mecánicamente, olvidando que numerosas generalizaciones a las que estamos acostumbrados están condicionadas en algún momento. Por eso, para no extralimitarnos en el alcance de nuestras pretensiones, en muchas ocasiones tenemos que recurrir a frases con las que reconocemos tal condicionamiento (en condiciones normales, en el vacío, en ausencia de luz, sin que se produzca resistencia, pacientes en estado terminal, etc.). En tal sentido, con la falacia del accidente se llega demasiado aprisa a conclusiones prematuras.

## Falacia de la composición

Como falacia, consiste en creer que la totalidad del conjunto debe tener las mismas cualidades de cada una de sus partes. Así es como razonan quienes, por ejemplo, aseguran que determinado equipo de fútbol será el campeón porque cuenta con los mejores jugadores del rentado. Sin embargo, los conocedores de este deporte saben muy bien que el hecho de que un equipo de fútbol cuente con los mejores jugadores de la liga no garantiza que sea el mejor del rentado, ya que el fútbol no es un deporte individual sino colectivo, en el que el director técnico planea un sistema de juego con el que tienen que comprometerse todos los jugadores. Si cada futbolista quiere jugar su propio partido, y no en función del sistema de su equipo, lo más factible es que éste resulte derrotado. El que un barco esté construido con materiales de acero y hierro, no significa que el barco tenga que hundirse por el hecho de que cada una de sus piezas sea más pesadas que el agua. De igual manera, amparado en la misma falacia, sería imposible que un avión pudiese volar ante el hecho de que cada una de sus piezas es más pesada que el aire.

## Falacia de la división

Esta falacia es opuesta a la de la composición. Consiste en asumir que las propiedades del conjunto son compartidas por cada uno de sus elementos constitutivos al considerárseles individualmente. El hecho de que el hijo de Juan estudie en el colegio más costoso de la ciudad, no implica necesariamente que Juan sea rico; el que un cardumen de pirañas pueda devorar un ser humano en cuestión de minutos, no significa que una sola piraña también pueda hacerlo. Por el hecho de que el Senado apruebe alguna estupidez, no se debe concluir que todos los senadores sean estúpidos. Los hombres a menudo presentan características diferentes cuando forman parte de un grupo que las que tienen al comportarse individualmente. Como se puede apreciar mejor en el ejemplo de las pirañas, con la falacia de la división nos desplazamos de una premisa verdadera hacia una conclusión falsa.

## Apelación al poder o a la amenaza (*Argumentum ad baculum*)

Esta falacia tiene lugar cuando se recurre a la amenaza directa o indirecta, o al poder que se detenta para presionar al destinatario a que acepte determinada conclusión. Por ejemplo:

— Quien dude de la palabra de Alá arderá en el infierno. (La amenaza es directa).

— Ustedes no pueden alegar que el profesor Diomedes no domina la materia que dicta. Ninguno de ustedes puede sustentar tal cosa si se tiene en cuenta que este profesor tiene una maestría en Lingüística de una prestigiosa universidad y que tiene diez años de experiencia al frente de esta asignatura. (Quien argumenta pretende lograr la adhesión del auditorio recurriendo al prestigio o autoridad que supuestamente le otorgan los títulos y la experiencia al profesor Diomedes, olvidando que los títulos por sí mismos no garantizan la excelencia académica, y que muchos llaman experiencia a los años que tienen de estar repitiendo los mismos errores).

— Recuerden, señores, que es necesario votar por el señor Rodríguez para el Concejo de la ciudad, de otra manera el futuro de muchos compañeros en esta empresa sería incierto. (En el argumento subyace una prevención, una amenaza velada).

En política se recurre con frecuencia al *argumento ad baculum* para doblegar a los opositores y a los que dudan en ofrecer un apoyo a las tesis que se someten a su consideración. En la docencia también se recurre a la apelación *ad baculum* cuando el profesor amenaza o previene a los alumnos de no pasar el curso o de obtener una mala calificación si no se acatan las normas que él defiende. "El uso o la amenaza de los métodos de 'mano dura' para someter a los oponentes parece ser el último recurso —un expediente útil cuando la evidencia o los métodos racionales han fallado. 'El poder hace la fuerza' es un principio poco sutil" (Copy y Cohen, 1995: 140).

## El hombre de paja

Antes de refutar un punto de vista es importante cerciorarse de si verdaderamente se ha comprendido lo que su autor alega. Si se malinterpreta un argumento, y aun así se le refuta, en realidad no se está impugnando lo que la persona dijo, y por lo tanto la refutación fracasa porque ataca una opinión que nadie ha sostenido. Es como si se atacara a un hombre de paja.

Con mucha frecuencia, cuando una persona explica los puntos de vista de otra, los simplifica, los reduce, e incluso los falsea. Se trata de un sofisma, poco abordado en los manuales de lógica, conocido como *la falacia del hombre de paja* o *falacia del espantapájaros* porque quien argumenta construye una imagen falsa, caricaturesca o negativa de las opiniones, creencias o actitudes de su oponente, de tal modo que le resulte fácil desprestigiarlo ante las demás personas. A esta falacia recurrió un rival político del entonces candidato a la presidencia de Colombia, Andrés Pastrana:

> De las declaraciones de Andrés Pastrana, hijo del ex presidente Misael Pastrana Borrero, recordado por el robo de las elecciones al General Gustavo Rojas Pinilla, se desprende que va a privatizar el Sena.

Lo que en realidad dijo el candidato Pastrana era que estaba a favor de una reestructuración del Sena por la forma desorganizada como efectivamente estaba funcionando. Los políticos proporcionan muchos ejemplos de este tipo de falacia con el fin de restarle confianza y votos a sus rivales.

Existen otras variantes para reducir al oponente a la categoría de hombre de paja, a saber:

1. Destacar las opiniones menos importantes del rival e ignorar deliberadamente sus argumentos más sólidos.

2. Sugerir intenciones que no corresponden al verdadero propósito que tuvo la persona que se desea desprestigiar.

3. Descontextualizar lo dicho por la persona que se desea desacreditar. Aunque lo citado no ha sido alterado, su aislamiento del contexto en el que se produjo puede conducir a una tergiversación de lo verdaderamente afirmado.

4. Suprimir una parte importante de lo dicho por el oponente, de tal manera, que al omitir algunas palabras y frases se sugiera algo distinto de lo verdaderamente afirmado.

El hecho de que alguien esté a favor de la despenalización de la venta y consumo de drogas no significa que esa persona esté invitando a jóvenes y adultos a que se conviertan en drogadictos. Si alguien está a favor de la eutanasia para pacientes terminales, eso no quiere decir que esa persona esté de acuerdo con que los médicos tengan derecho a quitarle la vida a cualquier ser humano en cualquier circunstancia.

En algunos casos el ataque a un hombre de paja no es intencional. Muchas veces nos empecinamos tanto en nuestros propios argumentos que no escuchamos lo que verdaderamente dicen nuestros oponentes. Quien recurre intencionalmente a la falacia del hombre de paja generalmente utiliza un lenguaje emotivo con el propósito de influir en las emociones del auditorio en contra de su oponente, de modo que luzca como un tonto, como un estúpido o como mal intencionado, pero sin aportar razones convincentes que invaliden las opiniones y actitudes de quien se pretende refutar.

## La pendiente resbaladiza o apelación a consecuencias indirectas

Esta falacia, ignorada en la mayoría de los manuales de lógica, consiste en objetar una acción particular con el argumento de que una vez se acepte tal acción, será inevitable aceptar otra similar y así sucesivamente, hasta tener que aceptar otras con peores consecuencias que la primera. Con esta forma de razonar se acepta sin evidencias la idea de que una vez dado el primer paso, es ineludible que se produzcan otros con peores repercusiones, como cuando una bola de nieve comienza a rodar sobre una pendiente, arrastrando a su paso todo lo que encuentre y agudizando más la dimensión de la avalancha. A esta falacia también se le conoce como el *argumento del dominó* (Al colocar de pie las fichas de un dominó —casi pegadas una tras otra— si derribamos la primera para que tumbe a la que le sigue, ésta hará que se caigan todas las demás). De este modo se procede cuando, por ejemplo, se arguye que

> Al legalizar la marihuana se facilitaría su consumo; esto aumentaría el número de consumidores, por lo tanto habría más violencia y aumentarían los índices de criminalidad. De otro lado, habría que legalizar, igualmente, el consumo

del crack, cocaína y heroína, lo cual ocasionaría un colapso en los sistemas educativos, en la familia y en la sociedad. De modo que la legalización del consumo de marihuana no es recomendable por las trágicas consecuencias que ello implicaría.

El error que se comete en esta forma de argumentar consiste en que no siempre la realización de una acción tiene que conducir a otras de peores consecuencias. Sin mayores evidencias no se puede concluir que determinada acción no se puede controlar y que su aceptación necesariamente conducirá al caos. No siempre se tienen suficientes evidencias de que determinado resultado indeseado esté asociado con una primera acción realizada. La falacia de la pendiente resbaladiza se fundamenta en el problema de los extremos. El que una sociedad permita el aborto por razones médicas comprobadas en los primeros días de embarazo, no significa que igualmente se tenga que oficializar la muerte de un bebé ya formado, en condiciones de nacer.

> La muestra más infame y conocida de esta clase de argumento fue utilizada por el gobierno de Estados Unidos para justificar su intervención en Vietnam en la década del sesenta. Se argüía, entonces, que si el comunismo se apoderaba del Vietnam, luego seguiría Camboya, después el resto de Asia y otros continentes, y finalmente el mundo entero (Foguelin y Sinnott, 1997: 313).

## Apelación a una Falsa Autoridad (Argumento *ad verecundiam*)

El incremento de la especialización en el conocimiento obliga al lego a confiar en la opinión de los expertos en campos específicos en los que se producen algunos debates. Por ello, las opiniones de Einstein sobre física son de alta confianza. Pero cuando se pretende respaldar un argumento recurriendo a la opinión o el testimonio de una supuesta autoridad en la materia que se discute —pero que en verdad no lo es— se incurre en la falacia *ad verecundiam*. Por eso, las opiniones del mismo Einstein en el campo de la medicina deportiva no tendrían el mismo poder persuasivo que sí tienen en el campo de la física. En este error de razonamiento incurrió un alumno que no estaba conforme con la evaluación que recibió de su ensayo por parte de un profesor de Español:

> La calificación que el profesor de Español le asignó a mi ensayo no es justa. Mi primo, que es un brillante profesor de matemática, me lo revisó y consideró que estaba bien redactado.

El primo del alumno aludido posiblemente es un sobresaliente profesor de matemática y sus opiniones pueden ser válidas en el campo de sus conocimientos, pero eso no garantiza que sea experto en retórica o estilística, de modo que su presunta autoridad en la materia que se discute no es confiable. Es más, el hecho de que se cite la opinión de alguna persona en su propio campo de conocimientos, también puede degenerar en la *falacia ad verecundiam* cuando se ha demostrado satisfactoriamente que sus paradigmas ya han sido superados. Por eso, la mayor parte de las opiniones de Aristóteles sobre el universo, aunque tienen un valor histórico, no son apropiadas hoy en día como argumento de autoridad en el terreno de la física.

\*\*\*

La aceptación de un argumento falaz puede llevarnos a cometer errores que nos perjudiquen, o que lastimen a otras personas; por ejemplo, elegir un mal candidato, condenar a un inocente, declarar inocente a quien en verdad es culpable, invertir dinero en negocios que ocasionan pérdidas, aceptar teorías que se basan en apreciaciones deficientes o incompletas, defender modelos inconsistentes, apoyarse en marcos teóricos que no son apropiados para el enfoque que se le quiere dar a una investigación, etc. Quien recurre intencionalmente a una falacia para convencer a su interlocutor procede deshonestamente. Infortunadamente, muchas falacias pasan desapercibidas para muchos auditorios y resultan efectivas en numerosos contextos. Por eso es muy importante aprender a reconocer, analizar y responder a argumentos respaldados con razonamientos falaces. Las falacias que acabamos de reseñar en este libro, aunque no son las únicas, constituyen una buena representación de las ya existentes.

Contar con sólidos elementos de juicio para evaluar las bondades de un argumento bien estructurado y, por otro lado, poder identificar oportunamente los razonamientos falaces es un objetivo ambicioso para cualquier sistema educativo que tenga como propósito el desarrollo del pensamiento crítico de los estudiantes. Sólo así será posible que las personas estén en mejores condiciones para desarrollar una competencia analítica que les permita leer y escuchar críticamente, y producir textos argumentativos con un alto grado de eficacia.

# 10

# Análisis de argumentos y falacias

### Ejercicios prácticos

Con el ánimo de brindar a los lectores una oportunidad para reflexionar sobre los aspectos argumentativos expuestos en este libro, y aplicarlos en el análisis de nuevos argumentos, en este capítulo ofrecemos unos ejercicios de afianzamiento sobre análisis de argumentos y falacias.

**I. Identifique cada uno de los elementos (P, Cd, F, G, C y R) que conforman los siguientes argumentos**

1. No se deben permitir donaciones privadas para las campañas políticas. Es cierto que contribuir con dinero resulta una forma de participación ciudadana —así lo ven, por ejemplo, los muy democráticos noruegos, que ni siquiera limitan el monto de esas posibles aportaciones— pero la experiencia demuestra que cuando se permite este tipo de ayuda, siempre es a cambio de privilegios que acaban con pervertir el sistema. Mientras más pobre es un país, más riesgo existe que la financiación de los partidos se convierta en un foco de corrupción futura. Elegir a un presidente en Costa Rica cuesta diez o doce millones de dólares, la décima parte de lo que abonaron los demócratas para llevar a Clinton al poder, pero Estados Unidos tiene casi cien veces la población de Costa Rica.

A esta locura sólo hay una manera de ponerle coto: limitar los gastos electorales y sólo autorizar una financiación pública tan generosa como pueda permitirse el país en cuestión. A fin de cuentas, ni siquiera es verdad que las grandes sumas de dinero sean el factor que trae la victoria. En las recientes elecciones nicaragüenses los sandinistas, según se ha publicado, gastaron ocho millones de dólares frente a unos adversarios que los derrotaron con menos de dos. Hace unos años, el venezolano Diego Arria hizo una de las más brillantes y costosas campañas públicas, pero sólo fue capaz de elegir a un diputado dentro de su lista electoral. "El dinero —como suele decir el experto Mario Elgarresta— no decide las elecciones, inclina —como los astros— pero no determina". Y no es sano que ese dinero salga de bolsillos particulares.

Alberto Montaner, "La Casa Blanca Inn", *El Heraldo,* 16 de marzo de 1997.

2. No debe creársele al país demasiadas expectativas sobre la eficacia misma del simple aumento de penas. Está demostrado que no basta la expedición de leyes. Es necesario crear las condiciones para su aplicación efectiva.

Algunos ejemplos recientes nos demuestran que los colombianos nos gastamos todas las energías en la simple expedición de la ley, y luego, como si llegáramos cansados, nos desentendemos totalmente de su efectividad. La llamada Ley Antisecuestro (43 de 1990) fue producto de un consenso nacional y ha sido prácticamente la única ley de origen ciudadano. Sin embargo, a cuatro años de su sanción los secuestros no han disminuido, y tampoco hay el número de secuestradores presos que la sociedad quisiera. El estatuto anticorrupción (Ley 190 de 1995) también se presentó al país como el gran instrumento contra la corrupción administrativa. Es más, el gobierno no ha nombrado aún la comisión para la moralización que la misma ley creó. Y es que la aplicación efectiva de las leyes penales tiene que ver con todo el sistema de la Justicia Penal. Más que nuevas leyes lo que necesitamos es fortalecer todo el sistema de investigación criminal (Policía Judicial) para que el Estado pueda probarles a los delincuentes su delito, y no atenerse solamente a sus débiles, y a veces desinteresadas confesiones. Si no se rectifica ese rumbo, seguiremos aumentando penas, tramitando leyes, con la salvedad de que no hay a quien aplicárselas.

Alfonso Gómez, "Aumento de penas, ley no es suficiente", *El Tiempo,* 9 de marzo de 1997.

3. La protesta de los activistas del Greenpeace en la bahía de Santamarta por la llegada de un barco de Estados Unidos al parecer cargado con maíz transgénico, es decir alterado genéticamente, tiene sus jus-

tificaciones. Está justificada por los estragos que podrían tener los transgénicos en Colombia.

Si entra al país una especie de papa transgénica que ha sido modificada para resistir los herbicidas, puede eventualmente transmitir a varias especies de papas silvestres esta condición que las protege de estos agroquímicos. De esta forma, estas papas silvestres pueden convertirse en una especie de plaga invasora porque los herbicidas no podrían destruirla.

Además de estos riesgos ambientales, se prevén desventajas socioeconómicas. Por ejemplo, si la biotecnología produce un café sin cafeína o un cacao que no engorde, esto acarrearía problemas de exportación para los países productores de estas plantas que no han sido modificadas.

También se podría transformar una especie de banano para que fuera resistente a las bajas temperaturas, lo cual permitiría su producción en países fríos, afectando a los países productores de esta fruta, generalmente países en desarrollo.

Por otro lado, la "comida frankestein", como algunos llaman a los transgénicos, causa escozor en Europa tras la publicación del científico Arpad Pusztai sobre sus experimentos con ratas a las que les dio papas transgénicas. El científico encontró que estos roedores registraron modificaciones en sus órganos, incluyendo su cerebro, y que su sistema inmunitario se debilitó.

Tony Pérez Mier, "Riesgos de los transgénicos", *El Tiempo*, febrero de 1999.

4. El 12 de mayo de 1997, todos los periódicos publicaron en primera plana una noticia sensacional: la computadora Deep Blue derrotó al campeón mundial de ajedrez Gary Kasparov.

Si esta noticia fuera cierta, tendrían razón quienes nos han estado alertando desde hace un siglo y medio contra el peligro de que la máquina llegase a dominar al hombre. Pero antes de postrarnos ante las máquinas, veamos si la noticia es cierta.

Para averiguar la verdad no es necesario ser un ajedrecista ni experto en computadoras. Bastan el sentido común y el espíritu crítico. Éstos bastan para enunciar y demostrar dos tesis: quien derrotó a Kasparov no fue una máquina sino el equipo de programadores que diseñó el programa Deep Blue, y las computadoras, aun las programadas de la manera más inteligente, tienen una inteligencia combinatoria antes que creadora.

Quienes diseñaron las computadoras y el programa fueron seres de carne y hueso. Ellos son quienes vencieron a Kasparov. Obraron a la manera de un técnico que programa un dispositivo para la automatización de un análisis clínico o de un experimento. Su cerebro es el que diseña el programa y asume la responsabilidad por los resultados. Él es quien recoge los plácemes o los reproches.

En ajedrez, como en los demás juegos inteligentes, se trata de combinar y evaluar un número finito, aunque enorme, de movidas posibles en cada una de las situaciones que se van presentando a lo largo del juego. Antes de hacer una movida es preciso registrar la posición del contrincante en el tablero, configurar un árbol de posibilidades y elegir la rama más promisoria. Esta tarea puede automatizarse porque es combinatoria: requiere más memoria que imaginación. Quienes dieron prueba de imaginación son quienes inventaron el juego de ajedrez y el programa Deep Blue.

Hay más, la máquina no jugó toda la partida. En efecto, fue ayudada por expertos que de cuando en cuando reajustaban los valores de ciertos parámetros. En cambio, a Kasparov no le permitieron consultar con colegas durante la partida. Y este procedimiento es inequitativo.

Kasparov tendría que haberse negado a jugar en estas condiciones desventajosas. No se negó porque, al parecer, creyó que su contrincante era una máquina. Más aún, según el campeón indio Viswanathan Anand, quien desafió a Kasparov hace un tiempo, "Kasparov trata a la máquina como a Dios. La respeta en forma exagerada. Ha jugado de una manera extrañamente pasiva".

Obviamente, antes de acceder a jugar esta partida, Kasparov no consultó con un filósofo de la técnica. Si lo hubiera hecho habría tomado la cosa a broma y no como una justa con el destino. Habría comprendido que no se trataba de poner a prueba su habilidad, sino la bondad del programa. Se dejó usar por IBM.

¿Por qué el equipo IBM pudo ganarle al campeón mundial de ajedrez? Veamos. El ajedrecista, por eximio que sea, sólo puede idear y ensayar unas pocas movidas posibles. En cambio, el sistema programador-computadora calcula y evalúa todas las movidas posibles, a razón de 200 millones por segundo. Es así que, al cabo de los tres minutos que dura cada jugada, ha podido computar y comparar 36.000 millones de movidas. Compensa con velocidad su falta de imaginación y de intuición.

[...]

Toda computadora funciona guiada por reglas mecánicas o algoritmos. Y éstos son diseñados por cerebros vivos, bien entrenados y excéntricos. No hay ni puede haber algoritmos para diseñar meta-algoritmos, o sea, algoritmos para diseñar nuevos algoritmos.

[...]

En general, no se puede pedir a una máquina que produzca algo para lo cual no ha sido diseñada. En particular, no se le puede ordenar que haga algo tan nuevo que no se le haya ocurrido a su programador. Concluimos, entonces, que la noticia de que una máquina venció al campeón mundial de ajedrez es falsa. Quien venció es el sistema técnico compuesto por los programadores y la máquina.

Las máquinas no nos amenazan. Quienes nos amenazan son quienes hacen mal uso de ellas. La pelea no es cerebro contra máquina, sino cerebro contra cerebro asistido por máquina. Al igual que en un carro de batalla moderno o en un concurso de diseño arquitectónico asistido por ordenadores.

La carrera en que estamos empeñados no es del ser humano contra la técnica, sino del ser humano carente de instrucción técnica contra la persona que domina una técnica: que la aprende y la somete a su voluntad. Ésta es una carrera que están perdiendo los países subdesarrollados. La están perdiendo por no actualizarse rápidamente en las técnicas ni en las ciencias subyacentes.

Mario Bunge, "Kasparov vs. IBM: ¿Quién ganó?", *El Heraldo Dominical*, 20 de julio de 1997.

5. Después de la certificación plena que tan generosamente nos ha concedido Washington, ya no queda mayor duda de que el problema de la droga tiene mucho más que ver con política que con consideraciones de salud pública, adicción juvenil, consumo masivo o inquietudes semejantes.

Pese a que en Colombia el área de narcocultivos creció el año pasado; a que seguimos siendo el primer exportador de cocaína, marihuana y últimamente heroína hacia Estados Unidos; a que la producción aumenta y el negocio sigue boyante; pese a todo esto, el país recibió certificación plena y sin reserva por primera vez en cinco años.

Es una decisión que tiene que ver, obviamente, con la necesidad de apuntalar a un Gobierno amigo (a diferencia del anterior), más que con las frías realidades económicas, sociales o estadísticas del fenómeno del narcotráfico. Es la "Realpolitik". Y hasta se entiende.

No estoy cuestionando, por favor, que el país haya recibido este certificado de buena conducta. Ni que Washington exalte los esfuerzos y sacrificios de Colombia en esta guerra tan costosa y mal planteada contra la droga. Es un reconocimiento elemental y positivo de lo que puede hacer. Como resulta positivo que los Estados Unidos también avale un proceso de paz que busque fomentar el desarrollo alternativo en las regiones cocaleras y alejar del narcotráfico a la guerrilla.

Lo que salta una vez más a la vista es lo arbitrario, unilateral y en últimas absurdo que resulta todo este mecanismo de la certificación. Una ceremonia arrogante e irritante, mediante la cual el principal consumidor del mundo, el polo central de la demanda que alimenta el narcotráfico, se permite calificar —absolver o castigar— a arruinados países tercermundistas donde la producción de los codiciados narcóticos se ha convertido en uno de los pocos renglones dinámicos de la economía. Y en un diabólico negocio cuyos impresionantes niveles de rentabilidad, corrupción y violencia están asociados con su condición de ilegalidad.

Enrique Santos Calderón, "Certificados y qué", *El Tiempo*, 28 de febrero de 1999.

6. Muchos padres consideran que deben preparar a los hijos para competir e inculcarles un espíritu competitivo, convencidos de que tal entrenamiento es indispensable para llevarlos a triunfar en su vida profesional.

Sin embargo, desde el momento en que los padres, profesores o entrenadores hacen énfasis en que los niños deben saber competir, están ignorando que lo importante no es ganar, desconociendo los males que tal enseñanza puede generar.

Un muchacho competitivo sólo compite cuando está seguro de que puede ganar, privándose así de desarrollar muchas actividades que podría disfrutar; una persona competitiva ve en cada uno de los que le rodean un enemigo que le puede ganar y por lo tanto le es difícil establecer relaciones sólidas y sinceras con sus compañeros; una persona competitiva no tiene el coraje de ser imperfecta porque reconocer sus fallas es para ella admitir su inferioridad; una persona competitiva no sabe trabajar en equipo porque se centra en cosechar éxitos para sí misma y no puede compartir sus logros con los demás; una persona competitiva frecuentemente es capaz de pasar por encima de sus principios morales o éticos porque triunfar es para ella más importante que actuar con rectitud.

Contrariamente a lo que se cree, una persona no competitiva está mejor preparada para arreglárselas en la sociedad competitiva actual, entre otras porque como no está preocupada con lo que otros hacen sino con lo que ella puede hacer, le es posible concentrar sus energías en lo que se propone lograr.

Igualmente, está libre para desarrollar un genuino interés y aprecio por los demás al verlos como sus amigos y compañeros no como los contendores que pueden arrebatarle la victoria. Una persona no competitiva sabe apreciar el valor intrínseco y la calidad humana de sus semejantes y no evaluarlos únicamente por sus destrezas o habilidades.

Por último, una persona no competitiva se proyecta ante todo a través de sus contribuciones a la sociedad y no en virtud de su status en la misma.

El verdadero éxito en la vida no reside en el número de trofeos que se logre obtener, sino en el número de satisfacciones que se logre cosechar. La gente generosa e interesada en los demás es apreciada, así como los prepotentes y egoístas son aborrecidos. Si se cultiva el buen corazón de los hijos más que simplemente sus capacidades o facultades, demostrarán su valor a través de un genuino interés por sus semejantes, de un trato sencillo y humilde con los que tienen menos de un sincero deseo de aportar algo a su comunidad. Así, su calidad humana les llevará mucho más lejos que una buena cantidad de medallas ganadas a expensas de su propia integridad física y moral.

Ángela Marulanda, "Lo que va del triunfo a la ética", *El Tiempo*, 18 de agosto de 1996

7. [...]

Todos los políticos son corruptos reza la generalización. Los hombres y las mujeres de empresa son competentes y honestos, se agrega como deducción consoladora y feliz. Nada más alejado de la verdad. La falta de ética nada tiene que ver con la esfera dentro de la cual se desarrolla una actividad. No es un mal ambiental sino cultural. Es una deformación del carácter y la más aguda y perniciosa expresión del individualismo (por eso la corrupción es eminentemente antisocial), que nada tiene que ver con el lugar que cada quien ocupa dentro de la sociedad.

En realidad la corrupción en el sector público y en el sector privado siempre van a la par. El uno necesita del otro para que se cierre, y rinda sus frutos oscuros, el círculo del comercio venal. No hay corrompido sin corruptor. Ni sobornado sin sobornador. Ocurre como en el caso del narcotráfico en el que si no existiera, opulento y anhelante, el gran núcleo de adictos que vende hasta la sangre con tal de sollarse y escapar de la realidad, no habría estupefacientes ni mafias ni cuantiosos activos que lavar.

Más aún: cuando se presenta un episodio de corrupción en administración, casi siempre es el funcionario público el inducido y el empresario privado el inductor. Como se ha demostrado en infinidad de oportunidades, es el interesado en ganar la licitación el que se aproxima al funcionario y le engrasa la mano con la mordida y con la comisión. Esta ocurrencia es particularmente frecuente en la corrupción transnacional. Muchas de las grandes multinacionales reservan en sus presupuestos una cuantiosa partida destinada a gestionar influencias y a comprarlas muy bien. No es de extrañar que idéntica cosa suceda a nivel local.

De cualquier manera, en la corrupción pública el ejecutor del acto deshonesto es necesariamente un agente gubernamental. Pero el principal beneficiario es casi siempre un particular. Lo que ocurre es que en esta asociación para delinquir, el sector público tiene mayor visibilidad. Que los actos del sector público están abiertos a la publicidad y los del sector privado amparados por la privacidad, es una perogrullada que se suele olvidar.

Los delitos de los funcionarios oficiales son conspicuos y por eso sensibilizan más a la opinión. Los de los beneficiarios particulares no tienen similar capacidad de escándalo aunque formen parte del mismo paquete criminal. En el caso de los préstamos bancarios que ahora están de actualidad, la atención se enfoca más sobre el empleado que extendió el crédito indebido que sobre el particular que se lucró con él.

Naturalmente no se puede perder de vista que la política tiene mucho que ver con esta discriminación. La corrupción en el sector privado poco sirve a los fines de la oposición ya sea al gobierno en ejercicio o al anterior. Las irregularidades en el sector público, en cambio, tienen un efecto devastador en el juego por el poder.

[...]

Carlos Lemos Simons, "El que paga por pecar", *El Tiempo*, 8 de marzo de 1999.

8. El punto de vista de la Iglesia Católica es, sin duda alguna, sumamente respetable. Pero la obligación de un Estado pluralista, como Colombia bajo la Constitución del 91, no consiste, en asuntos estrictamente morales como poner término a los padecimientos insoportables de un enfermo incurable, en convertir en delito todo lo que una iglesia considera pecado, así esa iglesia congregue a la mayoría de los ciudadanos. Porque el régimen pluralista tiene que proteger —ésa es su esencia— a quienes piensan de otro modo.

Si a la persona se le reconoce como moralmente autónoma, y así lo hace la Constitución colombiana, no se la puede obligar, a la fuerza, a observar comportamientos fundados en creencias que no son las suyas, y en asuntos que esencialmente a ella atañen. Eso sería no sólo jurídicamente inadmisible (como contradictorio), sino éticamente inaceptable.

La decisión de la Corte no implica, como equivocadamente piensan algunos, que el Estado se desentiende, en este caso, de proteger el derecho a la vida (como es su deber irrenunciable) sino que entiende en su verdadero alcance lo que es un derecho: una opción legítima, no una obligación inescapable. Y si se arguye que hay que protegerla como un bien inapreciable, es necesario advertir que un bien deja de ser tal, cuando el sujeto moral no lo considera ya deseable ni compatible con su dignidad. No parece pues, éticamente correcto condenar a alguien a que soporte abrumadores sufrimientos en nombre de un credo que no comparte.

Carlos Gaviria, Magistrado de la Corte Constitucional, "El fallo", *El Tiempo*.

9. En los últimos meses, durante su campaña política y en sus debates en televisión del domingo 7 de junio y miércoles 10 de junio, el

Dr. Horacio Serpa ha pretendido atacar injustificadamente al sistema Upac ocultando el hecho de que las actuales altas cuotas de los préstamos de vivienda tienen su causa en los elevados intereses y alta inflación, factores sobre los cuales el actual gobierno tiene gran responsabilidad por su inadecuado manejo del déficit fiscal y equivocada política económica.

Prescindir del Upac, como él lo sugiere, no solucionaría nada ya que en igual forma cualquier otro sistema de financiación de vivienda que se pretenda diseñar será directamente afectado por las tasas de interés y la inflación. Presentar en sus discursos en la plaza pública al sistema Upac como un monstruo o un villano es irresponsable y meramente demagógico y tiene como único fin intentar atraer los votos de las 180.000 familias colombianas que en la actualidad tienen créditos de vivienda con las Corporaciones de Ahorro y Vivienda, CAV.

Como bien se apunta en el punto 4 del programa de gobierno Pastrana-Bell, la base del éxito de la política de construcción de vivienda es mantener unas tasas de interés bajas y una moderada inflación.

El sistema Upac de financiación de vivienda le ha traído al país, durante sus 25 años de existencia, grandes beneficios a través del estímulo al ahorro privado, la facilidad de adquisición de vivienda ofrecida a la familia colombiana y la generación de empleo.

El sistema Upac ofreció por primera vez al colombiano una forma segura y atractiva de ahorrar ya que le permitía a su dinero mantener su valor real en el tiempo protegiéndolo de la inflación mediante el factor de corrección monetaria y, además, le pagaba una tasa real de interés, con lo cual se aumentó sustancialmente el ahorro privado en Colombia.

Este ahorro se utilizó para financiar vivienda a los colombianos y gracias a este sistema aproximadamente un millón cincuenta mil familias han logrado adquirir vivienda en Colombia. Mediante el sistema Upac se han financiado viviendas a largo plazo, 15 años, y se ha permitido la capitalización de intereses con lo cual se le posibilitó al comprador de vivienda financiarse a largo plazo pagando cuotas moderadas en los primeros años, las cuales se incrementan gradualmente a medida que aumenta el ingreso familiar.

Al iniciarse el sistema Upac en el país se revolucionó la industria de la construcción en Colombia, la cual fue un factor determinante en el progreso y crecimiento sostenido de la actividad económica del país y factor decisivo en la reducción del desempleo mediante la contratación de gran cantidad de mano de obra, la mayoría de ella no calificada proveniente de los estratos uno a tres.

Si tomamos en cuenta que en estos 25 años de vida del sistema Upac el ingreso promedio de los colombianos ha aumentado más rápidamente que el valor de los Upac y los precios de las viviendas han crecido en términos reales a un ritmo superior (32 % promedio anual) al aumento del Upac (correcciones monetarias de 21 a 24%), encontramos que el valor de una unidad Upac es hoy una porción menor del ingreso promedio de los colombianos y el valor de este patrimonio familiar adquirido mediante el sistema Upac ha aumentado a un ritmo superior al del saldo de su deuda con el sistema, lo que representa otro gran beneficio económico generado por el Upac que vale la pena relievar.

Evidentemente, el sistema de financiación de vivienda en Colombia es susceptible de ser mejorado. De hecho, la última reforma financiera le permite a las CAV hacer préstamos para vivienda en pesos, ya no solamente en Upacs, a largo plazo con posibilidades de capitalización de intereses y le permite al deudor tener total discreción para decidir cómo se realizan los pagos sobre el capital de un crédito y con base en cuál indicador se determinan los intereses a pagar.

Fomentar para los créditos hipotecarios plazos de 30 años y financiación de la vivienda hasta un 90%, como lo plantea el punto de construcción de vivienda del programa de gobierno Pastrana-Bell y para lo cual el sistema financiero de nuestro país ya se encuentra maduro, es una opción que le facilitaría a una buena parte de los colombianos acceder a una vivienda y reactivaría la industria de la construcción generando gran cantidad de nuevos empleos con beneficios mayúsculos para Colombia.

Sin embargo, como lo ha expresado en días anteriores el Presidente de la Lonja de Propiedad Raíz de Bogotá, Dr. Sergio Mutis Caballero, y como se manifiesta en el programa Pastrana-Bell, la solución de fondo al problema de los deudores del sistema Upac es la obtención de unas tasas de interés bajas y una reducida inflación tapando el enorme hueco fiscal con que vivimos en el presente y aplicando una política económica seria y coherente.

Javier Oyaga Gómez, "La importancia del sistema Upac", *El Heraldo*, 13 de mayo de 1998.

10. Es una tentación interpretar la propagación del Síndrome de Deficiencia Inmunológica Adquirida (sida), esa nueva "peste negra" del siglo XX, como una maldición bíblica. El recuerdo de Sodoma y Gomorra vuelve a nosotros. ¿Nos encontramos entonces ante un rayo divino que condena y purifica a una civilización ganada por el hedonismo?

Desde un punto de mira secular y moderno el sida es, simplemente, una nueva y terrible enfermedad a la cual la ciencia encontrará oportunamente remedio. Ir más allá de esta interpretación "técnica" sería recurrir a temores y leyendas propias de una civilización racional y moderna como la nuestra.

La tesis de la "maldición bíblica" se debilita, en verdad, no bien nos preguntamos por qué, si el sida es castigo, quedan indemnes otros crímenes más graves que las prácticas sexuales que lo promueven, como por ejemplo, las violaciones sistemáticas de los derechos humanos, el narcotráfico o el terrorismo. Nadie será tan estrecho que repruebe a los homosexuales más que a los violentos de todo tipo, para que a aquéllos y no a éstos corresponda un flagelo divino. La homosexualidad no es delito. ¿Por qué habrían de ensañarse entonces contra ella Dios o los dioses, dejando impunes a los verdaderos criminales?

La alusión a Sodoma y Gomorra resulta, por lo visto, extravagante. Cabría preguntarse de todos modos si la difusión del sida está totalmente desligada de consideraciones de alcance moral.

Tienen más alta posibilidades de contraer la enfermedad, sin duda, aquellos cuya conducta sexual los aparta de la norma de la monogamia, la heterosexualidad y la naturalidad del acto sexual que ha sido enseñanza tradicional en nuestra civilización hasta hace poco, cuando una nueva corriente sexológica sostuvo que "toda" actividad sexual entre adultos libres es moralmente lícita. Los sexólogos han enseñado, en tal sentido, que todo sexo satisfactorio es "normal", y todo sexo insatisfactorio, "anormal", con lo cual el criterio subjetivo de satisfacción viene a sustituir el antiguo objetivo de la "naturalidad" del acto para fijar la frontera entre lo que está bien y lo que está mal. No habría nada pervertido, según esa tesis, fuera de la incapacidad de sentir placer.

Sin embargo, el sida ha demostrado que nuestro organismo incluye defensas que solamente operan cuando el acto sexual es "natural", que desaparecen en cambio en casos de promiscuidad, homosexualidad, bisexualidad o métodos no naturales.

¿Hay entonces algo que se llama, después de todo, "naturaleza"? Ésta es la cuestión. Aun cuando dejemos de lado con buen criterio supuestas intervenciones divinas en la historia para condenar las costumbres de los hombres, cabe preguntarse si no hay patrones "objetivos" de conducta cuya violación anuncia desagradables consecuencias.

Si nos movemos hacia terrenos menos sensibles que el sexual, éste parece ser el caso. Si una persona come más que lo que necesita y se ejercita menos de lo que su organismo requiere, sufre consecuencias. ¿Sería incorrecto decir que tal persona, o el fumador o el bebedor excesivos, obran contra su propia "naturaleza"? Y si aceptáramos que ellas lo hacen, ¿sería inexacto afirmar lo mismo de aquellos que incurren en abusos o desviaciones sexuales? El sida no sería, en esta interpretación, sino un castigo más severo que el exceso de colesterol a las conductas irrazonables. Los seres humanos venimos al mundo equipados con ciertas condiciones y tendencias naturales: acatarlas es prudente, y violarlas, conlleva un precio.

Si aceptamos que existen después de todo pautas naturales de comportamiento, violaríamos, sin embargo, la libertad de otros al obligarlos a obedecerlas. Por este camino, caeríamos en la intolerancia de la Inquisición, esta vez en nombre de la naturaleza. Si tú fumas cien cigarrillos diarios, eres libre de hacerlo. Yo por mi parte, que te veo hacerlo, no puedo confundir tu derecho a escoger este modo de vida con el hecho de que no sea indiferente que lo escojas. Eres libre de hacerte daño. Sigue siendo verdad que es mejor que no te lo hagas. El sida no es el dedo de Dios, si entendemos por "Dios" a un todopoderoso interventor externo. Tampoco podría ser la ocasión para que nuevos inquisidores sometan a los hombres en su nombre. Pero el sida no deja de ser por ello un aviso atendible de la naturaleza. Tenemos una naturaleza. Somos libres de violarla cuando no agredimos a terceros y ningún poder ha de coaccionarnos en sentido contrario. Pero las calamidades que con frecuencia siguen al olvido de nuestra condición natural sirven para recordarnos el dilema moral que nos acompaña: adaptarnos sabiamente a lo que en verdad somos o salir alocadamente en busca de metas "sobre" o "sub" humanas que al fin resulten, por un camino u otro, "in" humanas.

"La Maldición", Editorial revista *Visión*, 23 de marzo de 1987.

### II. Explicar en qué consisten las falacias que se señalan entre paréntesis al final de cada uno de los siguientes argumentos. Confirme su explicación en el capítulo 9

1. Sólo un personaje tan encumbrado y con semejantes apellidos como Don Antonio Caballero Holguín Calderón puede darse los lujos que se da. Vivir seis meses en España a cuerpo de rey, como lo ha hecho siempre, y regresar los otros seis —cuando el frío aprieta en Europa— para que eximios exponentes de la sociedad bogotana se dediquen a mimarlo con un placer un tanto servil, brindándole en sus casas toda suerte de viandas, de copas y otras cosas, con tal que después éste les escupa.

La verdad es que Antonio se ha vuelto un gran lagarto, con el paso del tiempo. Cada vez que llega está pendiente ya no apenas del empresario que lo invita, o de la pintora que lo corteja, sino de ver cómo almuerza o dónde come, clandestinamente, con las cabezas invisibles del poder. ¡Hasta con el General Bonett Locarno, quién lo creyera! La ventaja es que, para nuestra burguesía de pacotilla, Caballero es un lagarto VIP: Very Important Person.

Son, por fortuna, muchas las diferencias que tengo con este bufón de la aristocracia criolla invadido de Sida mental, pero tal vez la principal es la de que no me avergüenzo de mis amigos, como en cambio sí le ocurre a él con los suyos, cada vez con más frecuencia. Sobre todo cuando lo convidan, se entiende. Es su forma ya peculiar de devolver atenciones. (Argumento *ad personam*).

D´Artagnan, "Torre", *El Tiempo*, 21 de junio de 1998.

2. ¿Por qué los boxeadores de raza negra son mejores que los de otras razas? (Falsa presuposición o Pregunta compleja).

3. Mientras usted no demuestre que usted no fue quien se robó la cadena, usted es culpable de apropiación de cosa ajena. (Apelación a la ignorancia).

4. Paul McCartney debe ser un fabuloso solista porque junto con John Lenon fue uno de los líderes de los Beatles, y ese grupo fue fabuloso. (Falacia de la división).

5. Al crear el sistema Upac, el Presidente Pastrana Borrero lo único que pretendía era que los pobres se endeudaran de tal modo que les resultara imposible pagar la deuda adquirida con bancos y corporaciones de ahorro y que perdieran tanto sus ahorros como sus viviendas. (Falacia del hombre de paja).

6. Las novelas de García Márquez son tan predecibles, que si leíste *Cien años de Soledad*, es como si hubieras leído todas sus novelas. (Petición de principio).

7. Harvard es la universidad con mayor prestigio académico del mundo. Por eso los egresados de Harvard poseen una inteligencia superior. (Falacia del falso consenso).

8. Un padre a su hijo: "Si hoy te presto cien mil pesos, mañana querrás que te preste un millón, después me pedirás que te preste el auto. Así nunca vas a adquirir responsabilidad. Finalmente pretenderás que te siga manteniendo cuando te cases. Así que por tu bien, no te los voy a prestar." (Falacia de la pendiente resbaladiza).

9. Un conductor a un agente de tránsito: "Señor agente, yo me volé el semáforo en rojo porque todo el mundo se lo estaba volando." (Falso consenso).

10. Un hincha de la selección de fútbol de Argentina: "Batistuta no debe ser convocado para formar parte del nuevo seleccionado de fútbol de Argentina, ya que él formaba parte del equipo que fracasó en Francia." (Falacia de la división).

11. Un profesor a sus alumnos: "Quien no traiga su informe mañana tendrá que repetir el curso." (Argumento *ad baculum*).

12. Un alumno a su profesor: "Profesor, yo no puedo perderle la materia porque mis padres serían capaces de sacarme de este colegio. Además, yo me he esforzado últimamente estudiando hasta altas horas de la noche." (Apelación a la piedad).

13. Una joven de 16 años a sus padres: "Los padres de mis amigas les permiten que fumen, que vayan a discotecas con sus amigos y que lleguen a casa en horas de la madrugada. ¿Por qué yo no puedo hacer lo mismo?" (El falso consenso o instinto de la manada).

14. Los egresados de la Universidad de los Andes son muy competentes porque allí sólo admiten alumnos competentes. (Petición de principio, círculo vicioso).

15. Una joven a su prometido: "Si no me puedes llevar a esa fiesta es porque tienes alguna amiga con la que mantienes alguna relación amorosa." (Falso dilema).

16. La mayoría de las parejas que se divorcian tuvieron relaciones sexuales antes de casarse. Se ve claramente que las prácticas sexuales prematrimoniales son la causa de la mayor parte de los divorcios. (Falsa relación causal).

17. La teoría de la evolución de Darwin sobre la selección natural es errónea, porque él siempre fue un fracasado en todo lo que emprendió. (*Ignoratio elenchi* o falacia de la conclusión irrelevante).

18. Si vas a comprar un campero, procura que no sea Land Rover. Yo tuve uno y con frecuencia me dejaba varado. Mi tío también tuvo un Land Rover y con frecuencia tenía que revisarle el sistema de frenos. (Conclusión o inducción apresurada).

19. Un vendedor de pólizas de seguros a un potencial cliente: "Si usted de verdad está preocupado por la suerte de su familia, le aconsejo que tome este plan de seguro y no tenga que dejar a su familia desamparada. La mejor herencia que se puede dejar a los hijos es garantizarles una buena educación." (Falso dilema y apelación a las emociones).

20. Las corridas de toros son un espectáculo fastuoso injustamente criticado por los no entendidos en el tema. Una corrida es un espectáculo armonioso, lleno de colorido, estética, plasticidad y coraje, y no una bárbara ceremonia para matar un toro. ¿Por qué quienes critican las corridas

guardan silencio ante otros espectáculos salvajes que organiza el hombre? Parece que para esas personas, el boxeo sí es algo racional. ¿Acaso la caza del zorro por perros amaestrados para destrozar al animalito no es un acto bárbaro? ¿Y qué dicen de quienes exhiben como trofeos las cabezas de los animales que fueron masacrados en una cacería? Seguro que, contra estas acciones, quienes denigran las corridas de toros no dicen absolutamente nada. (*Ignoratio elenchi* o sofisma de distracción).

21. Las madres que trabajan no le pueden proporcionar una buena educación a sus hijos. Por eso los hijos de la familia López son tan mal educados y tan pésimos estudiantes. La señora López debería renunciar a su trabajo y dedicarle más tiempo a sus hijos. (Petición de principio).

22. La sal es venenosa porque sus dos componentes son nocivos: el cloro, es un gas venenoso, y el sodio, un metal igualmente tóxico para la salud. (Falacia de la composición).

23. Si el cloro y el sodio fuesen venenosos, los seres humanos no utilizarían diariamente la sal, o sea cloruro de sodio, para condimentar los alimentos. (Falacia de la división).

24. ¿A qué se debe que los alumnos egresados de colegios oficiales rinden menos académicamente al ingresar a la universidad que los alumnos que provienen de colegios privados? (Falsa presuposición o pregunta compleja).

25. Para ser escritor usted solamente necesita dedicarse a escribir. (Conclusión precipitada).

26. Las mujeres deben tener los mismos derechos de los hombres. Los derechos de la mujer son tan importantes como los de los hombres, por lo tanto la mujer debe ser tratada de igual manera que el hombre. Después de todo, las mujeres también tienen derechos. (Círculo vicioso o razonamiento circular).

27. Arturo ha sido un buen profesor de matemática, por lo tanto no creo que vaya a tener problemas enseñando Física en la Facultad de Ingeniería. (Falsa analogía).

28. Como la sal es un sólido, sus dos componentes, el cloro y el sodio, también son elementos sólidos. (Falacia de la división).

29. Los conservadores tradicionalmente han sido defensores de los intereses capitalistas, de modo que vería con extrañeza que los trabajadores votaran por un candidato de ese partido para la Presidencia de la República. (Estereotipos).

30. Los abogados y los médicos son profesionales sin escrúpulos. Sólo les interesa el dinero que pueden ganar a costa de sus clientes y pacientes respectivamente. (Estereotipos, conclusión precipitada).

31. Cinco convictos dijeron que cuando eran niños les gustaba ver programas violentos de televisión. Esto demuestra que la televisión es la principal causa de violencia. (Falsa relación causal, conclusión o inducción precipitada).

32. No es ninguna sorpresa que Ramírez haya perdido el primer semestre de Contaduría. Las personas o se dedican a trabajar o se ocupan de estudiar, pero no a realizar ambas actividades al mismo tiempo. (Falso dilema).

33. La señorita Antioquia debe ganar el concurso nacional de belleza porque es la más bella de las concursantes. (Círculo vicioso).

34. La nueva contratación del equipo Junior para reforzar su delantera debe ser un goleador de primera línea, pues éste formó parte del equipo Palmeira, campeón de los dos últimos torneos del fútbol del Brasil. (Falacia del accidente, falacia de la división).

35. Todas las mujeres son iguales. Ya Vargas Vila lo había dicho: "Las mujeres son el peor enemigo del hombre". (Argumento *Ad verecundiam*).

36. No entiendo por qué el nuevo profesor de Morfosintaxis dice que la Gramática de Chomsky no proporciona una explicación aceptable de lo que es la estructura profunda del lenguaje, si casi todos los profesores de Lingüística defienden el modelo chomskiano. (Falso consenso, instinto de la manada).

37. El nuevo profesor de Derecho Penal, que va a reemplazar al Dr. Ramírez, también es egresado de la Universidad Javeriana, de modo que debe ser tan brillante como aquél. (Falacia de la composición).

38. El tío de la novia al pretendiente de ésta: "Los comunistas generalmente detestan a las personas de clase alta. Tú eres comunista, por lo tanto tú debes detestar a mi sobrina y a nuestra familia, pues tú sabes muy bien que nuestra familia es muy rica". (Falacia del accidente).

39. Ayer se produjo un eclipse de sol y hoy amanecieron muertas dos vacas y un caballo. Si no hubiese habido ese eclipse mis animales estarían vivos. (Falsa relación causal).

40. La fe cristiana nos enseña que el sol fue creado para que iluminase la tierra. Para iluminar una casa hay que mover la antorcha alrededor de la casa y no la casa alrededor de la antorcha. Por lo tanto, es el sol el que gira alrededor de la tierra y no la tierra sobre sí misma alrededor del sol. (Falsa analogía).

# Apéndice

## Guía para revisar un texto argumentativo

Aprender a evaluar y a escribir textos son habilidades que se aprenden simultáneamente. En este acápite final ofrecemos al lector algunos criterios mínimos que tienen en cuenta los escritores experimentados al momento de revisar la calidad de sus escritos. Esperamos que esta guía sea de alguna utilidad para quienes deseen mejorar la calidad de sus argumentaciones escritas.

### *Según el contenido*

*Claridad en el propósito.* Todo el que escribe un texto tiene un propósito comunicativo específico, como por ejemplo persuadir, convencer o refutar a alguien sobre algo; explicar, informar, aclarar o sugerir algo; narrar un acontecimiento, describir algo, etc. El primer problema que debe que resolver quien escribe es, precisamente, tener claridad acerca de cuál es el propósito que va a perseguir con su texto. ¿Podría resumir ese propósito en una sola oración?, por ejemplo: "Mostrar que la despenalización del comercio y consumo de drogas en Holanda ha sido un fracaso".

*Claridad en la tesis.* Al leer un texto de opinión queremos saber desde el comienzo cuál es la tesis o conclusión principal que su autor se propone defender o justificar. De igual modo, quien escribe un ensayo argumentativo debe ser consciente de cuál es la conclusión principal o tesis que se propone justificar. Una o dos oraciones pueden ser suficientes para tal efecto.

¿Podría sintetizar en una o dos oraciones la tesis de su ensayo?, Ejemplo: "Con la despenalización del comercio y consumo de las drogas blandas, Holanda se ha convertido en el cuartel general de los narcotraficantes y se ha incrementado, además, el consumo y la criminalidad en ese país".

*Claridad en la sustentación*. Una vez enunciada la tesis, hay que ofrecer una serie de razones o argumentos a su favor. La cantidad de detalles que se proporcionan en los argumentos depende del público que se ha tenido en mente al escribir el ensayo y de la intensidad de la resistencia que pueda preverse en contra de la tesis. Ejemplo:

(Los argumentos que transcribimos sobre la venta y consumo de drogas en Holanda son tomados del informe de Larry Collins, aparecido en la revista *Cambio* del 29 de marzo de 1999).

> Argumento 1: Según afirmaciones de los responsables de las aduanas y policías de Francia y Gran Bretaña, Holanda se convirtió en el "supermercado" de la droga en Europa. No sólo de las drogas blandas, sino también de las duras. La aduana británica estima que el 80 por ciento de la heroína consumida en el Reino unido ha pasado primero por Holanda. Para la policía parisiense, el 80 por ciento de la heroína consumida en la capital francesa tiene idéntica procedencia. [...].
>
> Argumento 2: Pasar las aduanas de las fronteras, abiertas desde 1976, no plantea ningún problema, y los riesgos de un arresto son mínimos. A diario los minoristas franceses, ingleses, alemanes y belgas invaden Holanda, se abarrotan de cocaína, heroína y hierba, que revenden tres veces más cara en Brest, Birmingham, Fráncfort y Bremen. [...].
>
> Argumento 3: El hecho es que de 1984 a 1996, a medida que se multiplicaban los *coffee shops*, el consumo de marihuana entre los holandeses de 18 a 25 años dio un salto de 200 por ciento. Durante 1997 hubo un aumento del 25 por ciento en la cantidad de consumidores de cannabis que fue necesario tratar médicamente. [...].

En aras de lograr una argumentación convincente, es recomendable aludir a puntos de vista que se oponen a los que defienden para refutarlos. Ignorar este hecho le resta poder persuasivo a la argumentación porque el lector puede considerar que la fuente de argumentación está injustamente parcializada o desconoce la existencia de otros puntos de vista. Ejemplo:

> Uno de los argumentos a favor de los *coffee shops* holandeses era justamente el de permitir a los consumidores aprovisionarse de drogas blandas en un ambiente ajeno a cualquier elemento criminal. Se trataba de separar al consumidor del oscuro mundo ilegal y criminal de las drogas duras. Estas medidas

debían haber conseguido importantes reducciones de la pequeña criminalidad y del consumo de drogas duras. Pero las cosas no salieron como estaba previsto. En 1995, el Gobierno holandés, resolvió reducir el número de *coffee shops* para vigilarlos mejor. Todo mundo sabía que las drogas duras circulaban libremente en la mayoría de estas boutiques. [...].

Los partidarios de la despenalización en Francia y otros países europeos insisten en todo caso en el hecho de que fumar cannabis no conduce necesariamente a traspasar las fronteras de las drogas duras. Sin embargo, los consumidores habituales de heroína son casi siempre consumidores habituales de cannabis. En Francia, el 80 por ciento de los heroinómanos son habituales consumidores de cannabis. [...].

Asegúrese de que sus opiniones estén respaldadas con evidencias: casos ilustrativos, detalles o instancias específicos, datos estadísticos, experiencias directas o indirectas, testimonios u opiniones de autoridades en la materia, anécdotas. No es necesario que todas las aserciones estén sustentadas, porque el sentido y el conocimiento comúnmente compartido no lo exige. No es necesario, por ejemplo, dar evidencias de que Gabriel García Márquez es uno de los escritores de habla española más importantes del mundo. Pero si afirmamos que el estilo narrativo de García Márquez está influenciado por varios escritores de habla inglesa como William Faulkner, Ernest Hemingway y Virginia Woolf, ya eso no es conocimiento común y corriente. Esa aserción podría ser rechazada por muchos lectores, por lo tanto es necesario aportar evidencias que la sustenten. Las siguientes preguntas pueden ayudarle a escribir argumentos más convincentes:

— ¿Están sus argumentos respaldados con suficientes evidencias?

— ¿Abusa en el alcance de sus aserciones? En vez de afirmar "Tal cosa siempre es verdad", tal vez sería preferible decir "Tal cosa a menudo es verdad". En vez de afirmar "A demuestra B", sería mejor decir "Hay muchas evidencias que permiten concluir que A es consistente con B". De este modo, las aserciones resultan menos pretensiosas, menos absolutas y menos expuestas a ser refutadas.

— ¿Es clara y lógica la secuencia de las ideas? ¿La primera idea fluye armoniosamente hacia la segunda, ésta hacia la tercera y así sucesivamente? Es posible que alguna idea no ocupe el lugar apropiado y sea mejor removerla a otro sitio en donde encaje mejor lógicamente.

— ¿Alguna de las ideas parece contradecir a otra en el mismo texto? Recuerde que con la ayuda de conectivos como a pesar de que, no obstante, aunque, se pueden establecer concesiones, cuya ausencia podría dar lugar a pasajes contradictorios.

## Según la organización retórica

Un principio generalmente compartido es que las ideas en un ensayo se organizan en una introducción, un desarrollo o cuerpo y una conclusión.

*En cuanto a la introducción.* La introducción de un texto argumentativo generalmente es como una pirámide invertida: comienza con ideas generales con las que se alude brevemente a los antecedentes del tema, y finaliza con una idea más específica, la cual sugiere la tesis o posición que se va a sustentar en el ensayo. Ejemplo:

> Muchas personas ven en la despenalización del comercio y consumo de drogas en el mundo la mejor manera de enfrentar el problema que genera el narcotráfico. Holanda es actualmente el país pionero en la despenalización de las drogas blandas. (Estas dos oraciones informan al lector que va a leer sobre el tema de la legalización de las drogas en Holanda y lo prepara para conocer la tesis o punto de vista que se va a exponer). Pero los resultados que se están observando en el experimento holandés permiten concluir momentáneamente que la legalización es un mito, ya que el consumo y la criminalidad se han incrementado en ese país. (Ahora el lector sabe cuál es la tesis del ensayo y que en él va a encontrar las razones o argumentos que la justifican).

Recuerde que existen diversas variantes para iniciar un ensayo: una anécdota, una frase célebre, un proverbio, un aforismo, una pregunta retórica, una reflexión, un verso o una frase tomada de otro texto. Y que sólo cuando se trata de textos cortos se justifica comenzar inmediatamente con la tesis.

*En cuanto al desarrollo.* Los argumentos que se ofrecen a favor de la tesis conforman el cuerpo del ensayo, el cual está conformado por varios párrafos de desarrollo. Estos párrafos deben tener unidad. Lo cual significa que en cada uno se debe desarrollar una idea diferente o un aspecto diferente de una idea, procurando no incorporar en ellos información que se salga o se aparte demasiado del tema. De modo que al momento de revisar lo escrito es conveniente formularse estas preguntas:

— ¿Desarrolla cada aspecto importante del tema en párrafo diferente?
— ¿Se aprecia con claridad la idea central de cada párrafo de desarrollo?
— ¿Aparece resumida la idea central de sus párrafos en alguna oración?
— ¿Las oraciones secundarias ofrecen suficientes detalles a favor de las ideas centrales?

Un párrafo de desarrollo ideal tiene de tres a cinco oraciones. Eso no quiere decir que todos los párrafos tengan esa medida; todo depende de la complejidad de la idea que se va a desarrollar.

Los párrafos cortos son apropiados para destacar las ideas importantes; los párrafos extensos, en cambio, son apropiados para explicar detalles, ejemplos, casos ilustrativos. Para revisar la calidad de los párrafos es de gran ayuda formularse estas preguntas:

— ¿Hay variedad en la extensión de los párrafos?

— ¿Hay variedad en la extensión de las oraciones? El promedio de una oración en un texto está entre diez y quince palabras. Al igual que con los párrafos, las oraciones cortas son apropiadas para enfatizar ideas importantes ("Los resultados de la legalización han sido desastrosos", "Pero los resultados no salieron como estaba previsto"). Con las oraciones extensas se explican y describen relaciones más complejas, se examinan detalles, datos, ejemplos.

*En cuanto al manejo de conectivos o construcciones de transición.* Un buen ensayo tiene una organización lógica clara para el lector. Los conectivos o construcciones de transición son elementos léxicos que permiten hacer más explícitas u obvias las relaciones lógicas que se desean establecer entre las ideas de un texto. Cuando el escritor utiliza eficientemente esos recursos, el lector está en mejores condiciones para captar con mayor claridad el curso de las ideas y las relaciones que ellas mantienen en el texto. En tal sentido, conectivos como sin embargo, pero, en cambio, mientras, por otro lado, en oposición a, en contraste con, son apropiados para expresar contraste u oposición; de igual modo, similarmente, de la misma manera, denotan similitud; no obstante, a pesar de que, aunque, expresan concesión o restricción; a su vez, en cuanto a, por otro lado, de otro lado, por otra parte, son apropiados para expresar una relación de correlación o cambio de perspectiva; en conclusión, en resumen, en síntesis, así que, de manera que, en resumidas cuentas, sugieren conclusiones o síntesis; a no ser que, a condición de que, con tal que, con que, expresan condición; debido a, porque, a causa de, por ello, por este motivo, por esta razón, como quiera que, generalmente designan causas; por lo tanto, por consiguiente, en consecuencia, por ende, así que, denotan consecuencia; definitivamente, en efecto, lo peor del caso, lo que es más, precisamente, sobre todo, obviamente, esto es, es decir, o sea, comunican énfasis a las ideas que se desean destacar para que no pasen desapercibidas para el lector.

*En cuanto al final.* El final de un ensayo debe ser coherente con su propósito, su tesis, su tono y su desarrollo. Una o dos oraciones pueden resultar suficientes para tal fin. En ellas tiene el escritor la última oportunidad para recordarle al lector el rumbo del ensayo o el punto de vista más importante que fue abordado. El alcance de lo concluido no debe exceder a lo planteado en la sustentación. Existen diversas estrategias retóricas apropiadas, según el caso, para finalizar un ensayo: mediante una paráfrasis de la tesis, con una reflexión, una frase célebre, un proverbio, un aforismo, presagiando un resultado, una pregunta retórica, una sugerencia, etc. Ejemplo:

> El experimento de Holanda sobre la despenalización de la venta y consumo de drogas es impactante. Si no hay una fuerte represión en tal sentido, en cada calle, en cada esquina de las ciudades de los países consumidores, la guerra contra las drogas no se podrá ganar nunca. Es urgente seguir golpeando la producción y las grandes redes de tráfico. Y ésta debe ser una lucha no sólo de Colombia sino de todo el mundo. Hay que impedir a toda costa que siga siendo tan fácil que los narcotraficantes vendan y que los consumidores compren drogas.

# Bibliografía

Anderson, Ellen y Fred Hamel, 1991, "Teaching Argument as a Criteria-driven Process", *English Journal. National Council of Teachers of English,* 80 (7), Illinois.

Aristóteles, 1966, *El arte de la retórica,* Buenos Aires, Eudeba.

_____, 1969, *Tratado de lógica (El Organon),* México, Porrúa.

Atienza, Manuel, 1995, *Tras la justicia: una introducción al derecho y al razonamiento jurídico,* Barcelona, Ariel.

Barros, Nelson, 1970, *Introducción a la lógica formal,* Barranquilla, Ediciones Humanismo.

Barthes, Roland, 1990, *La aventura semiológica,* Barcelona, Paidós Comunicación.

Beccaria, Cesare, 1987, *De los delitos y de las penas,* Bogotá, Temis.

Beristain, Helena, 1985, *Diccionario de retórica y poética,* México, Porrúa.

Berrío, Jordi, 1983, *Teoría social de la persuasión,* Barcelona, Mitre.

Brichetti, Giovanni, 1973, *La evidencia en el derecho procesal penal,* Buenos Aires, Ediciones Jurídicas Europa-América.

Ciceron, Marco Tulio. s.f. *El arte de la invención,* Buenos Aires, Tor.

Cohen, Morris y Ernest Nagel, 1983, *Introducción a la lógica y al método científico 1,* Buenos Aires, Amorrortu.

Coloubartis, Lambros, 1986, "Dialectique rhétorique et critique chez Aristote", en: *De la metaphysique a la rhétorique,* Bruselas, Éditions de L'Université de Bruxelles.

Copy, Irving y Carl Cohen, 1995, *Introducción a la lógica,* México, Limusa, Noriega Editores.

Charolle, Michael, 1978, "Introduction aux problèmes de la coherence de textes", *Langue française,* No. 38, París.

D'Angelo, Frank, 1985, *Process and Thought in Composition,* Boston, Little, Brown and Company.

De Gortari, Eli, 1965, *Lógica general*, México, Grijalbo.

Demory, Bernard, 1995, *Convencer con la palabra*, Buenos Aires, Ediciones Granica.

Dóriga, Enrique, 1986, *Metodología del pensamiento: la lógica desde el hombre primitivo hasta la informática*, Barcelona, Herder.

Ducrot, Oswald, 1988, *Polifonía y argumentación*, Cali, Universidad del Valle.

Fahnestock, Jeanne y Marie Secor, 1990, *A rhetoric of argument*, New York, Mc Graw-Hill.

Fernández Carrasquilla, Juan, 1989, *Derecho penal fundamental*, Bogotá, Temis.

_____, 1992, *Concepto y límites del derecho penal*, Bogotá, Temis.

Fingerman, Gregorio, 1982,. *Filosofía*, Buenos Aires, El Ateneo.

Flórez O., Rafael, 1994, *Hacia una pedagogía del conocimiento*, Santafé de Bogotá, McGraw-Hill Interamericana.

Foguelin, Robert y Walter Sinnott-Armstorng, 1997, *Understanding Arguments: An Introduction to Informal Logic*, Orlando, Harcourt Brace Publishers.

Gómez, Adolfo, 1988, *Filosofía analítica y lenguaje cotidiano*, Santafé de Bogotá, USTA.

_____, 1991, *El primado de la razón práctica*, Cali, Centro Editorial Universidad del Valle.

_____, 1993, *Argumentos y falacias*, Cali, Editorial Facultad de Humanidades, Universidad del Valle.

_____, 1998, "El argumento por el contra ejemplo entre la lógica y la teoría de la argumentación", en: *Argumentación, actos lingüísticos y lógica jurídica*, Cali, Editorial Universidad del Valle.

González, José Lorenzo, 1988, *Persuasión subliminal y sus técnicas*, Almagro, 38-Madrid, Biblioteca Nueva.

Gorsky, D. y P. Travants, 1968, *Lógica*, México, Grijalbo.

Habermas, Jürgen, 1992, *Teoría de la acción comunicativa I*, Madrid, Taurus.

Hulsman, Louk y Jackeline Bernat, 1984, *Sistema penal y seguridad ciudadana: hacia una alternativa*, Barcelona, Ariel.

Hudson, Hoyt, 1965, "The field of Rhetoric" en: Johnstone H. y M. Natanson, *Philosophy, Rhetoric and Argumentation*, Pensilvania State University Press, University Park.

Kahane, Howard, 1992, *Logic and Contemporary Rhetoric: The Use of Reason in Everyday Life*, Belmondt, Wadsworth Publishing Company.

Key, Wilson, 1992, *La era de la manipulación*, México, Diana.

Ladriere, Jean, 1986, "Logique et argumentation", en: *De la methaphysique a la rhetorique*, Bruselas, Université de Bruxelles.

Lefebre, Henry, 1984, *Lógica formal, lógica dialéctica*, México, Siglo XXI.

Majone, Giandomenico, 1997, *Evidencia, argumentación y persuasión en la formación de políticas*, México, Fondo de Cultura Económica.

Manspuigarnau, Jaime, 1978, *Lógica para juristas*, Bosch, Barcelona, Casa Editoriales.

McCroskey, James, 1968, *An Introduction to Rhetorical Comunication*, Prentice-Hall, Inc., New Jersey, Englewood Cliffis.

Ministerio de Justicia, 1989, *Hermenéutica jurídica*, Bogotá, Escuela Rodrigo Lara Bonilla.

Moeshler, Jaques, 1985, *Argumentation et vonversation: elements pour un analyse pragmatique du discours*, París, Hatier Credif.

Molina, Carlos, 1997, *Principios rectores de la ley penal colombiana*, Medellín, Biblioteca Jurídica Diké.

Monsalve, Alfonso, 1992, *Teoría de la argumentación*, Medellín, Editorial Universidad de Antioquia.

Mortara, Bice, 1988, *Manual de retórica*, Madrid, Cátedra.

Nickerson, R., D. Perkins, y E. Smith, 1990, *Enseñar a pensar: aspectos de la aptitud intelectual*, Barcelona, Paidós.

Nothsine, William, 1962, *¿Cómo influir en los demás?*, México, Grupo Iberoamericano.

O'Connor, Joseph y McDermont, 1998, *Introducción al pensamiento sistémico*, Barcelona, Ediciones Urano.

Oleron, Pierre, 1987, *L'Argumentation*, París, Ediciones Qué sais-Je? Presses Universitaires de France.

Padilla, Hugo, 1994, *El pensamiento científico*, México, Trillas.

Perelman, Chäim, 1976, *Logique: nouvelle rhetorique*, París, Dalloz.

_____, 1977, *L'Empire rhetorique*. France, Librairie Philosophique, J.Vrin.

_____, 1986, "Logique formelle et logique informelle", en: *De la metaphysique a la rhétorique*, Bruselas, Université de Bruxelles.

_____ y O. Titeca, 1989, *Tratado de la argumentación: la nueva retórica*, Madrid, Gredos.

Reale, Miguel, 1986, *Introducción al Derecho*, Madrid, Pirámide.

Rodríguez, Álvaro, 1992, *El lavado de cerebro: psicología de la persuasión coercitiva*, Barcelona, Boixaraux Universitaria.

Secor, Marie, 1983, "Modes of Thinking, Modes of Argument" en: *The Writer's Mind: Writing as a Mode of Thinking*, Illinois, National Council of Theachers of English.

Torres, José María, 1982, *Manual de retórica y lógica jurídica*, Bogotá, Universidad Externado de Colombia.

Toulmin, Stephen, 1958, *The uses of argument*, New York, Cambridge University Press.

_____, Richard Rieke, y Janik Allan, 1979, *An Introduction to Reasoning*, New York, McMillan Publishing Co. Inc.

Van Dijk, Teun, 1978, *La ciencia del texto*, Barcelona, Editorial Paidós Comunicación.

_____, 1980, *Texto y Contexto*, Madrid, Cátedra.

Vigneaux, George, 1976, *La argumentación: ensayo de lógica discursiva*, Buenos Aires, Hachette.

Se terminó de imprimir
en la Imprenta Universidad de Antioquia
en el mes de octubre de 2002